小学生
自主学习法

[韩] 李恩京　李圣宗 著　　李桂花 译

人民东方出版传媒
People's Oriental Publishing & Media
東方出版社
The Oriental Press

图字：01-2022-3391

图书在版编目（CIP）数据

小学生自主学习法 /（韩）李恩京，（韩）李圣宗著；李桂花译．—北京：东方出版社，2023.1

ISBN 978-7-5207-3007-5

Ⅰ.①小… Ⅱ.①李… ②李… ③李… Ⅲ.①小学生－学习方法 Ⅳ.① G622.46

中国版本图书馆 CIP 数据核字（2022）第 182633 号

小学生自主学习法
（XIAOXUESHENG ZIZHU XUEXIFA）
作　　者：[韩] 李恩京　李圣宗
译　　者：李桂花

策划编辑：鲁艳芳
责任编辑：王晶晶
出　　版：東方出版社
发　　行：人民东方出版传媒有限公司
地　　址：北京市东城区朝阳门内大街 166 号
邮政编码：100010
印　　刷：北京汇瑞嘉合文化发展有限公司
版　　次：2023 年 1 月第 1 版
印　　次：2023 年 1 月北京第 1 次印刷
开　　本：880 毫米 ×1230 毫米　1/32
印　　张：8.125
字　　数：160 千字
书　　号：ISBN 978-7-5207-3007-5
定　　价：49.80 元
发行电话：（010）85924663　85924644　85924641

目录 CONTENTS

Part 1 自主学习从小学开始

Part 2

小学生各阶段自主学习法

Part 3 小学各科自主学习法

Part 4

将自主学习引向成功的七大小学核心习惯

前言

有个会自主学习的孩子
简直是种恩赐

育儿是个难题，即便家长是小学教师

每当看到我跟先生一人带一个娃在那里啃书本，周围人都会投来不可思议的目光，那目光里仿佛写着：“爸妈都是小学老师，教孩子怎么还叫苦连天的？”对于这个问题，虽然我们平时很少诉苦，但并不表示我们心里不苦。

其实最开始想得很简单，我和先生都是现任小学教师，对小学所有的教学内容都再熟悉不过了，于是没考虑太多就开始了亲自辅导孩子。但事实证明，我们的优势也仅限于熟悉课程而已。如今，我家的家庭辅导已进入第六年，回首这六年的磕磕绊绊，其实和那些普通家庭没什么两样。别人家里上演的平时母慈子孝、一写作业就鸡飞狗跳的情况，在我家也一样。训斥、责备、咆哮……事后懊悔、反省、信誓旦旦……就这样恶性循环。陪读

两个上学娃，几乎没有风平浪静的时候，一直到今天依然有很多棘手的状况轮番上演。有些人对此不理解，常常问至于那么累吗，其实教本身并不难，真正让我们感到疲惫的是努力压制也无法轻易平息的欲望。

小学任职的十五年，我在自己带的班、邻班、英才班、青少年团队、各种竞赛、学校对抗赛上……见过太多聪明的孩子。本以为他山之石可以攻玉，没想到这些第一现场获得的经验竟成了一种牵绊。

精英孩子平时都是如何刻苦学习的？他们的父母又付出了怎样的努力？耳闻目睹了太多激励人心的宝贵经验，久而久之，我们夫妻也对育儿有了过高的期望。

就像当年怀胎十月，我们满心期待着宝宝降临时眼睛里闪烁着星星，聪明又可爱，如同我们见过的那些拔尖的学生一样。然而我的宝宝和天下大多数孩子一样没有特别之处，身为父母的我和先生也不过是凡人。孩子尽管努力，但远不及我们的期望值。每当有这种落差时，我心里的平衡就会被打乱，自怨自艾，忍不住发脾气，对孩子一顿吼，说出难听的话。

经验如果使用不当就会成为刺、成为毒。两个孩子为学习而累，我和先生跟着焦虑和操心。没有谁告诉过我们必须这样拼命、必须做到最好，但我们却在这条路上跑得筋疲力尽，没有退路。曾经有家长因为对孩子的学习感到焦虑而向我诉苦，我恳切地告诉他们：“家长的期望值过高，目标过高，只会对孩子有害。不妨对孩子宽容一些、耐心一些。”而我万万没想到，事情会发生在我身上，我成了那个无助的人。小学教师又怎样？教育起自己的孩子来，一样头疼，一样抓狂。

“妈妈牌”家庭辅导，你了解几分？

我在生宝宝之前，听过一次“妈妈牌”英语专题讲座。台上主讲人热情洋溢，台下的人听得津津有味。主讲人全凭己力辅导孩子英语，使孩子的英语接近母语水平。台下观众不住地点头、感慨：“好羡慕！好厉害！”我知道，但凡能带上“妈妈牌”家庭辅导标签的妈妈，肯定非常了不起，对孩子狠得下心，严谨严厉、一丝不苟、细致周全、精明干练又不乏耐心。社会上对于这样的虎妈有着不言而喻的认同。

随着孩子长大，我们也开始了家庭辅导。每次妈妈们见面，就会忍不住互相打探孩子的学习情况，特别是各种课外班的报名情况。每次我都如实说道：“没报什么班，都是我跟他爸在辅导。”对方就会不可思议地回答：“好厉害啊。”但眼神里分明在说：“是个狠人。”

其实当你真正去尝试时才会发现，所谓的“妈妈牌”家庭辅导并不是可做可不做的选择项，而是每个家长在孩子适龄时都应该义无反顾承担起来的必答项。归根结底，孩子的学习只能从妈妈手把手教开始。小学一年级的孩子不可能自觉到自己来选定要学的科目，自己查找、咨询、购买课程，也无法细致周到地按需购买教辅。这部分工作都需要家长帮孩子落实好。在我看来，能做到这一步的也可以看作是达到了“妈妈牌”教育的第一步；也有一些妈妈，不仅帮孩子选购教辅，还会手把手辅导孩子做题。不管怎样，她们做的这些基础工作都属于“妈妈牌”教育的范畴。

那么把孩子送到辅导班，是不是就不能算作是“妈妈牌”了？

重点不是由谁来教孩子，而是由谁来决定具体的学习方法和规划孩子的学习。

根据家长自身情况、孩子所上的年级、未来规划，“妈妈牌”教育也可以灵活选择适合自己的形式。形式是其次，我们把核心问题弄清就可以——小学生涯的第一棒能不能跑好，关键在于父母。家庭教育其实没什么高深莫测的，每位妈妈事实上都在践行着“妈妈牌”教育。

只要是“放手型”妈妈，都可以践行“妈妈牌”

出于种种考虑，许多妈妈都会犹豫要不要选择“妈妈牌”。我想果断奉劝各位妈妈，对于小学低年级的孩子来说，“妈妈牌”不是可选项而是必选项。如果您想让孩子在整个学生生涯至少体验一次自主学习，那么请抓住孩子的这几个关键期——学前班，小学低、中年级，这段时间的自主学习经历将养成让孩子受益一生的好习惯。

“我太忙了，根本没时间去辅导孩子。”这是许多家长的现状，但我还是希望您不要急着放弃。成年人为生活而忙碌奔波，有太多不容易。作为独立抚养两个孩子的双职工，我们也有着为碎银几两疲于奔命的时刻，有过生病的痛苦，有着说不尽的心酸。成年人在现实中所要面对的困难，我们比谁都清楚。

如果说我的“妈妈牌”教育有什么秘诀，那就是“适当地示弱和偷懒”。有不少妈妈因为担心“妈妈牌”教育一旦实行起来就会导致亲子关系疏远，索性就放弃这个想法。其实这种担忧很正常。我们也常常因为孩子的功课，家里闹得鸡飞狗跳。孩子理解慢，做父母的看着着急，很容易火气飙升冲孩子咆哮，孩子委屈得吧嗒吧嗒掉眼泪。这一幕在我看来，场面失控归失控，凡事有失必有得。如果这个选择是捡了西瓜丢了芝麻，那就值得去尝试。就我个人而言，在践行“妈妈牌”教育的路上失去的固然不可避免，但收获远大于失去的。

没有什么事情一开始就一帆风顺。我家的家庭教育也不例外。有时候实在操劳上火，想过不如给孩子报个班吧……没想到孩子死活不同意，我们只能硬着头皮将“妈妈牌”教育进行下去。有一点可以肯定的是，这样一来，陪伴孩子的时间相对多了起来，家长可以对孩子的学习倾向、习惯、弱势和强项有个全面的了解。而这些一点一滴了解到的信息，会在将来家长面对孩子进入青春叛逆期，以及面临孩子成绩、学习、择校与未来规划等问题时给予帮助。无论是孩子的学业、游戏还是人生，养育孩子的过程中最重要的是先了解孩子。当前投入的精力和时间，都是为了将来助孩子一臂之力。正如孩子学会使用筷子和勺子，学会如厕，这些基本技能始于家庭一样，孩子的学习启蒙也是父母不可推卸的责任。

学习的所有决定权终将会交到孩子手中，但入门必须由家长来引领。父母领进门，再放手让孩子自己来，只要不是苛求完美的家长谁都可以做到。把控好进程，一定能打好持久战。希望每位家长都能坚持下去，一直到孩子完全掌握自主学习的能力为止。

“自主学习型”孩子，值得期待

孩子的学习，好比是一桌丰盛的菜肴。到餐馆吃饭，除了点一份米饭，还会点搭配米饭的菜。先吃哪个后吃哪个？哪个菜再多要一份？……根据个人喜好，可以想怎么吃就怎么吃。习惯性地先夹一口平时爱吃的菜，再试试不曾品尝过的新菜品，然后再要一份米饭……这才是小学生应有的样子。

这时，让孩子想怎么吃就怎么吃，不存在什么对与错。曾经在家里要用勺子一小口一小口喂，在餐馆就不必这么费心了，妈妈也可以安心地吃顿饭了。等孩子再大一些，饭菜摆到桌上，孩子就会主动吃饭了，甚至会主动要求再去那家餐厅吃顿美食。到了某个瞬间，家长会发现即便不操心孩子的吃饭问题，他也能自己主动吃。学习也是一样的道理。我们就是要让孩子学会自己的事情自己做主。

在小学阶段，我们所说的自主学习法，其实就是掌握一套适合孩子自己的学习方法，了解自己当前的学习水平和能力，洞察擅长的和薄弱的部分，进而加强薄弱点。只有充分了解自身情况，才能智慧地判断什么时候该铆足劲儿冲刺，什么时候该休息，哪些内容需要深入复习和巩固。

学习是一场马拉松。从长远来看，能够按照自己节奏奔跑的孩子，通常都能顺利跑到终点。所以我在这本书中要跟大家分享的是，在孩子小学阶段，家长起到引导作用，带孩子迈入学习的门槛，必要时结合家教等方式，最终把孩子培养成“能够自主学习的孩子”。用具体、实用的方法，帮助各位家长慢慢把手中的学习主导权转交给孩子。

这本书也可以说是一本教家长“少抓狂，抵御补习班的诱惑，不动摇、坚持自我”的警醒书。开始时，家长和孩子一起制订计划，让孩子由浅入深，由少变多，从单一科目、一个小目标、一天开始，手把手带孩子入门后，家长再慢慢退居二线。

面对从未涉足过的学习这座山，孩子会茫然和望而生畏。本书讲述了从什么时候、什么科目，如何学习才能适应小学阶段的学习，绝对是闻所未闻的独家秘籍，浓缩了干货和最真实的经验。

让我们一起走进书中，想你所想，为你解忧。

现在就开始吧!

Part
1

自主学习
从小学开始

小学阶段的学习主导权应该由父母把好第一关，再慢慢交给孩子，而不是在这个补习班抓一抓孩子功课，然后又甩手给另一个补习班。父母再忙再累，这第一棒也要亲力亲为。需要教育专家指导和参与的阶段早则小学高年级阶段，晚则孩子上了初中之后，并不是当前这个阶段。小学阶段，父母必须紧盯着孩子的功课，及时了解孩子的学习动态。当孩子上了小学高年级开始进入青春期，想自己掌管学习时，家长就可以示弱，将学习主导权正式交给孩子，让他开始自主学习。

01

小学阶段，什么是最终目标？

小学 6 年，对于我们漫长的人生来说很短暂，但人生中很多事情却在这个阶段定型。孩子背着书包迈入小学的那一天，不过是个个头 120 厘米的小可爱，但等他小学毕业时，俨然已是个头 160 厘米、跟父母比肩的大孩子了。成长的并不仅仅是个头，他们的智商和心智跟当年入学时相比，也有了明显的变化。我曾经带过一个一年级的新生班，恰好他们六年级时我又带他们。天啊，这哪是当年那些懵懂天真的小不点儿啊？六年级的他们，无论是外貌、语气、成绩、生活、习惯、眼神、愿望、性格……诸多方面跟一年级时相比都有了很大的改变。说他们是“另一个孩子”

也完全不过分。这恰恰也说明了小学六年的至关重要。以怎样的方式度过这六年，也就注定了孩子按照什么轨迹成长。在诸多变化中，我将重点说一下学习习惯。

在让孩子养成良好的学习习惯之前，不妨先考虑一个问题："当他们升入中学时，您希望孩子具备怎样的学习习惯？"这个问题比"如何度过六年小学阶段"更为具体清晰。目标越明确、越具体，就越容易看到当前所缺的是什么。您可能会说还没想好具体目标，也没有具体规划过孩子的未来。没关系，其实这也是大多数家长的常态。现在去认真思考和规划也不迟。这也是我着手写这本书的初衷。

2020 年，我们经历了前所未有的新冠肺炎疫情，全球都笼罩在一场灾难之中。疫情的尽头将会是一个怎样的世界，谁都无法知晓。在如此"人心惶惶"的时期，肯定有不少人觉得制订计划显得过于奢侈，没意义。学校实行线上网课和线下教学并行，不可避免地会出现衔接不协调的问题，于是大人、孩子都陷入不安和身心疲惫当中。其实，越是这样，我们越应该处乱不惊。身为父母，我们有义务帮助孩子勾勒出清晰的目标和蓝图。没有目标，就没有了参照，就无法确定孩子是否在各个阶段成长顺利，因而容易彷徨和盲目比较，徒增挫败感。如果这时父母不能及时正确引导，孩子很容易陷入自责当中。孩子自己也在努力，想做好，但是如果时不时感到彷徨和挫败，陷入自我怀疑和自责当中，是不可能进步的，只会原地踏步。想要有所进步，必须有一个在孩子看来明确的目标。我们做父母的，就要帮助孩子树立一个清晰的目标，助他前行。

希望“立竿见影提高成绩”“月考打双百”“提前拿下中等数学”“把《哈利·波特》原文通读一遍”……我恳请亲爱的家长们暂且丢掉这些随意且贪婪的想法，先静心考虑一下：等到中学时，希望孩子成为一名怎样的中学生？希望小学毕业时的孩子有一种怎样的状态？让我们本着具体、务实的原则，勾勒一下小学六年的蓝图。

小学阶段是为整个人生积累经验和学习的时期

制定小学六年的终极目标之前，我们首先要弄清在小学阶段什么是最重要的。不同于初中、高中阶段，小学阶段的目标并不是高考，也不是为了高考而必备的第一步。我们必须明确一点，小学阶段是为整个人生积累经验和学习的时期。正因为如此，才显得无比重要。在这个阶段，孩子们必须扎扎实实练就和养成各种技能，而我们家长也要比任何时期都重视和参与进来。

学习不同于生活中的其他技能。在整个人生历程中，很少有像学习这样战略性尤为重要的领域。在我们的人生中，很多技能不需要宏远的战略、系统的规划、明确的目标，也可以让我们学会且感到满足。就像一个人可能不擅长烹饪，但按照网上的视频制作了草莓酱，发现口感黏糯，甘甜美味。当然了，那一锅草莓酱可能火候没掌握好，弄得烟熏火燎，有点儿狼狈，但并不影响你今天熬了一锅营养美味的排骨汤。想当年我勉勉强强地通过路考，但这并没有妨碍我在随后的二十年里平安驾驶。没有人会根据今天下班路上的驾驶经验，去制订和修改来年的驾驶计划。

孩子在一次月考中得了满分，或者把一学期的各科内容背得滚瓜烂熟得了满分……是不是就可以高枕无忧了？当然不是。因为比成绩更重要的是“良好的学习习惯”和引导孩子开启自主学习。

有了这两点，孩子在今后漫长的人生路上，每个阶段都能保持良好的学习习惯、取得优异的成绩、顺利通过考试……而这两点如果不能在小学阶段形成，那么越往后就会越吃力。所以千里之行，始于现在。

千思万虑，只为找到那个正确答案

孩子上了初中，应付申报成绩和等级考试已经焦头烂额了，如果家长为了培养孩子的阅读能力和思考能力，要求初中阶段的孩子每天阅读，而把成绩评估和考试抛到一边，就有点儿赶鸭子上架——强人所难了。而上了高中就更没有精力去做别的了，孩子每天甚至挤出睡眠时间来做题，如果家长这时心血来潮要求孩子开始自主学习，更有点儿不讲道理。所以养成良好学习习惯的最好时机，就是小学阶段。在这个阶段，允许失败和走弯路，允许慢一些，自己摸索出经验和教训，继而养成良好习惯，掌握自主学习法。什么年龄就做这个年龄该做的事情，而不是该播种的季节去收获，浪费时间、精力、钱财。良好的学习习惯如果不在小学阶段养成，那么将来可能事倍功半，所以必须专注于当前。这并不是为了将来图省事，重点是学就学个明白。制订计划和战略，摈除那些可有可无的分散和耗费精力的事情，只做必要部分，确保每一步都实打实干。

在小学阶段，相比于让孩子尝试各种兴趣班，“一个坑一个萝卜”更为重要。家有幼升小学生的家长，真心希望能认真考虑一下什么是“一个坑一个萝卜”式的学习，学一样就要像一样，切不能因为别的孩子在学，就跟风给孩子报这样那样的班，而完全忽略了自家孩子擅长什么。选择一个兴趣班时，要有明确的理由和预期目标，这样才不至于在孩子高考结束时懊悔“费钱费力，啥都没用”。

自主学习并不是一朝心血来潮突然开始。重申一下，这不是解题技巧，也不是整理笔记的方法，而是“我的学习我做主”，是一种人生态度。

在学习上掌握了主导权，那么将来在人生中也就掌握了主导权。倘若小学时没能养成这种自主能力，那么到了初中、高中、成人之后想突然获得这种自主能力，可以说是痴人说梦。每个人的一生中都会经历跌倒、后退、低谷、豪迈奋进的时期，家长一路陪伴和耐心等待实属不易。当孩子想要走捷径，选择看起来轻松省力的道路时，家长要教导孩子沉住气，稳稳当当慢点儿走，允许跌倒，给予适时鼓励，让孩子尝试小小的成功，获得成就感。

这个习惯的形成和稳定下来至少需要 2—3 年时间，急不得也勉强不得。所以一定要耐着性子慢慢来，一天一天积累下来，自然就掌握了自主学习的方法，并使之成为生活的一部分。父母带着关切和信任放手退一步，那么孩子自然会热情高涨勇敢地向前迈一步。自主学习的钥匙，握在父母的手中。

02

小学阶段的学习
相比于速度，方向更重要

大多时候，小学教育都被广泛关注和讨论，小学阶段本应是一点一点摸索方向的阶段，却被追着赶着专注于进度和速度。家长总觉得人家孩子在高速上跑得又快又厉害，于是经常失去平衡，变得焦虑起来。

那么在这个动不动就喜欢对比、竞争激烈的大环境下，我们的家长和孩子如何才能做到不被左右，坚持做自己？每个家长都应该深思熟虑一番。我们对孩子学习的伟大蓝图，其实正是从这种思考开始的。

当我们在高速上看到很多跑在前面的车辆时，重要的不是踩油门，而是要确认当前的方向是不是朝向自己所期望的目的地的。哪怕稍微慢一些，只要找准方向一门心思坚持跑，我们终将抵达期望的终点；如果只顾着紧跟人家，就很容易偏离目标，等醒悟过来重新返回到正确的路上会消耗更多的时间和精力，甚至无法返回。我们在为孩子制定学习目标时，首先确定目标、寻求抵达目标的合理方式，再稳稳地起步，一点儿都不迟。这看起来慢，其实是最快捷、最准确达成目标的方法。

对孩子而言，速度和方向，哪个是第一位？

小学阶段的学习类型我想分成两个类别来说明。每个家庭和每个孩子的情况不同，但大体上可分为“速度至上”和“方向至上”两种。参照下面的内容，家长和小朋友们可以自我测评，判断自己更接近于哪一类。

	速度至上	方向至上
比例	70% 以上	30% 以下
学习时间	放学后大部分时间 被各种补习班和作业占用	每日坚持阅读、运动 由少到多 逐渐增加学习时间
学习方法	通过补习班、家教、网课等 提升水平	中文、英文阅读为主， 以课本复习为基础，适当结合一些 习题集、补习班
主要教材	补习班教材、网课等	课本、课堂笔记、习题集等
学习目标	月考分数、排名、预学、 进度	提高思考能力 养成正确的学习习惯、阅读习惯
最终目标	提前学习知识点、提高补习 班级别	培养学习习惯、尝试自主学习
速度	6 年全程持续快节奏 到了初中、高中容易疲劳	越是步入高年级越加速， 到了初中、高中时开始发挥实力
学生特点	能够紧跟补习班课程，对补 习班课程感到吃力	自知学习量不如同学， 自主学习，获取成就感

就小学生而言，方向第一

初高中生已经没有时间左顾右盼，只需要一心向前跑。这时速度比方向重要。如果孩子到了这个阶段还在为方向彷徨不定，那么显然已经迟了。但小学阶段就不同了，这时还允许去考虑是速度至上，还是方向至上的问题。这也是允许我们在原地斟酌和选择的唯一阶段。事实上，在现实中孩子并没有任何选择权。即便是有，孩子也不可能这时就能做出一个客观、理性、准确的选择，所以不可能在这个阶段把选择权全盘交给孩子，大人完全放手不管。毕竟这个年纪的孩子还无法预知一个决定所能导致的后果，更无法为这样的后果负责。

家长为孩子分析和选择正确的方向后，在一段时期内需要起到引导作用。重点是在这个过程中将选择权、自主权一点点交给孩子。这时，家长的选择将决定今后孩子的小学生活、夫妻养老、教育经费、家庭周末安排以及是否辞职陪读等。

其实大部分小学生都属于低头奔跑的那一类，不会考虑自己的水平、性格、家境、兴趣、才能。如果已经有了明确的目标只剩下朝着目标跑这件事，那么跑不会有什么问题。问题是孩子虽然在奔跑，却不知道为什么在跑。跑向什么方向？为什么要跑？对于这些，孩子是不可能去想的，能做的就是跟着小伙伴们奔跑的方向一起跑，在家长的催促下机械地跑，最终会跑向哪个终点，是不是想要的方向，这些问题无暇去考虑，脑子里想的就是“不掉队、不落后”。

孩子跑得气喘吁吁，但好在能紧跟节奏。只是为什么明明看似跑得快，家长和孩子反而感觉不安？孩子就算跑得再快，总会有跑得更快的孩子跑在前面。如果在这个圈子里没有比自家孩子更快的孩子，那么总能在别的小区、别的学校找出比自家孩子更快的那个小孩。当父母的知道孩子在全力奔跑，但一旦看到别的孩子领先在前，总会不淡定，于是催促、比较、上火。认为唯有用力奔跑是答案，除了让孩子不懈怠、专心奔跑，大多数家长想不出别的办法。我真心想给这些家长勇气，让他们明白办法是有的，打好基础，确定好方向，这两件事做到位，再加速，那么在到达终点时，是可以逆袭的。

如同赶鸭子上架一样，强迫孩子、训斥孩子、催促孩子……很多家长都习惯了这样做，到了学习时间，搬个凳子坐在孩子的书桌旁，故作一脸严肃，冲孩子瞪眼睛、大声喊就能把孩子吓得乖乖听话。原本不好好写作业的孩子，这时就成了老实的机器人，只会接受命令和执行命令，不会哭闹偷懒。于是，凌乱无力东倒西歪的字突然有了风骨，刚劲有力，拖拉着两三个小时写不完的作业，不到半小时就搞定。对很多家庭来说，这是多熟悉的一幕。平时做题漏洞百出的孩子，一旦认真起来，格式工整、步骤清晰、答案准确，满分！是孩子突然开窍、变聪明了？如果家长拉下脸严肃一些，孩子就能立刻做好，那也太简单了吧？

但是我们不妨扪心自问一下，果真只有这个办法了吗？这是最佳选择吗？家长气得火冒三丈守在旁边，效果肯定是立竿见影的啊。既然这么奏效，那每天都如此反复好了。但我们可不可以选择一个不那么极端的方式，让陪娃学习这件事变得从容一些、淡定一些？

在我的头脑里总有这样一个画面挥之不去：左边是头上系着

一块布条的虎妈，拍打着书本冲孩子河东狮吼；右边是心血来潮给孩子辅导功课的虎爸，耐心不过三分钟就火冒三丈甩手不管；中间是小小的背影面对着书桌，低着头不停地写写算算……亲爱的家长们，真的应该适可而止了。夹在这样的爸爸妈妈中间，孩子瑟瑟发抖，忙着看大人眼色，看似绵羊一样乖乖配合，但能持续多久却是个未知数。昨天刚去报名参加的英语班等级测试，不能代表孩子学习生涯中的所有英语考试。比赛还未正式开始，不要被风吹草动所左右，当前需要做的就是调整好呼吸，认清目标。越是重要的事情，就要越慢一些、看清一些，而不是枪声一响就跑出去。

寻找灵活战略，适时调整速度

我家大宝今年上小学六年级，我一直觉得他是个天才。刚过了周岁他就开始咿呀学语，每天都能蹦出新词。初为人母人父的我和先生，当时的心情简直是澎湃激动，要说一点儿期望都没有，那是骗人的。孩子伶俐又聪慧，我们觉得是上天眷顾我们，给了我们如此不凡的小孩。而当孩子上了小学二年级还分不清大写小写时，我们夫妻俩就慢慢接受了这个事实，不甘心也没办法："哎，看来是我们想多了。"

其实像我们这样的家长真的太多了，而且有一个共同的致命弱点，那就是对孩子期望过高。这种期待并不是同其他同龄孩子相比。当孩子身上展露出父母身上可能有或可能没有的某方面的特长时，没有哪个父母不为眼前这个两眼闪着小星星的可爱宝贝所折服，内心萌生出几许期待。比同龄孩子更早认读几个汉字，把九九乘法表背得滚瓜烂熟，做父母的自然要憧憬一下，这是一种亲情本能。是好事，只要不过度。

家长的期望值一旦过高，就会面临一些具体的现实问题。比如，如何培养？更确切地说，就是什么时候开始？具体怎么培养？怎么把握好度？

孩子即将幼升小，父母就惦记着给孩子订购练习册，打听补习班。他们都有一种迫切心理，觉得“孩子的理解能力跟得上，稍微增加一些难度肯定也能消化掉”“必须从现在开始加快速度，才能赢在起跑线”“这孩子聪明，再稍微加快速度，肯定没问题”。其实也不怪这些家长。大多时候，你跑得再快也会有人嫌你跑得慢。如果孩子聪明机灵，那就更了不得了。父母稍微不重视或者疏于管理孩子的学习，简直就像犯了什么滔天大罪一样。这样的社会环境打造了这样急功近利的家长。

孩子们都要经历 6 年小学，6 年中学，整整 12 年的学习。我们这一代也是这样过来的。如今我们的孩子正在经历着漫长的漆黑隧道。家长与其盯着一学年的分数，一两次的月考成绩，不妨将目光放长远一些，统筹规划一下孩子 12 年的学业。我们深知加速的方法，也知道孩子有那个能力跑起来，但需要一种灵活的战略技巧，调整步伐，适时地放手。

一味速度至上的孩子，一旦耗尽了力气就会在到达某个地点时完全瘫倒，一时半会儿没力气缓过来继续向前。所以奉劝家长朋友，不要把力气耗在无关紧要的事情上，浪费宝贵的时间、精力和钱财。

慢一步，厚积薄发

我家两个孩子，一个上六年级，一个上五年级。如果跟全力奔跑的同龄孩子相比，我们确实落后了一大截。据我所知，一些小学高年级的孩子甚至已经学完了初二、初三的数学课程。好在我们能耐住性子，允许孩子慢慢走。孩子怎么想我不知道，但作为父母，尽管我们有着很高且美好的期望，但还是按捺住了内心的膨胀。我承认，我的心里也不乏隐隐的、一丝丝的焦急，但确实没想过让孩子一开始就冲刺。

那是不是要一直这样不紧不慢？倒也不是。这个时期看似缓慢，其实是为了在时机成熟时能够正常奔跑而储蓄体力的阶段。因为是男孩，所以不该着急；因为是原本就属于慢半拍的孩子，所以不该着急；因为还没有奔跑的意愿，所以也没必要忙着张罗什么。孩子都六年级了，还没有开始辅导，哪儿来的自信啊？心也够大的。当然，所谓的对孩子学习不闻不问只不过是看起来像是放手，私下里做的功课却一点儿也不少。我们一次又一次地勾勒那个伟大的轮廓，随时修补不足部分以及薄弱部分，一点点将蓝图充盈和填满。

虽说上了中学后学习进程会自然加快，但当前这个阶段也一样重要，孩子可以从体力、运动、乐器、习惯、性格、对话、性教育、睡眠、耐心、计算、阅读、旅行、体验学习等诸多方面系统、全面地累积，为将来到了高中，考取一个好的目标学校而投入足够的时间，也就是“自己确定目标、按目标执行”。因为在整个人生历程中，唯有小学阶段才能完成这件事。如果不是当前，就不再有时间可以从容地去练就这些，只有从现在开始去有规划地做，将来才能节省更多的时间。在这个时期经历各种成功和失败的孩子，将凭借这些宝贵的经验和教训更好地面对今后的学习和生活。

我们的人生经历了这么多年，每个人都会有一些体会和感慨，尽管沮丧和艰难的日子时有出现，但我们都能依仗少年时一点点积累的各种经验，一路坚持过来，而这种咬牙坚持，又会给我们的未来带来好日子。我们的人生和我们的孩子，我们都无法驾驭和把控，而且人生路途中，风云莫测，我们唯有让孩子练就强大的内心，才能让他在未知的痛苦和幸运来临时，无论从身体上还是心理上，都能从容地去应对，而且在孩子上了高中后面对高考的压力时，能凭借多年积累的心理准备和经验，以平常心接受，毅然坚持下去。

现在就是将这些沉甸甸的力量一阶段一阶段去积累和夯实的过程。有了足够的体力和心智，当他想飞翔时，全世界都会为他让路。

03

谁掌握着学习的主导权

在小学阶段，家长应先掌握孩子的学习主导权，再逐步转交给孩子。即使再忙、再累，孩子的学习也必须由家长引进门。当然，有些家长可能在这方面完全不懂，生怕自己张罗孩子自主学习会耽误孩子。这种心情我很理解，我们之所以自己教孩子，是因为做任何事都有黄金时期。想要抓住这个黄金时期达到理想效果，就一定要按捺住急于求成的心，同时兼备智慧与勇气。

一般来说，教育专家讲课、指导、参与发挥助力作用的时期是固定的，早则小学高年级，晚则中学以后，而不是小学早期。所以在小学初期，家长要全面引导孩子的学习，了解孩子的学习习惯，适当结合家教辅导。等到了青春期，孩子表示“以后我的学习我自己来搞定”，那么家长不妨示弱一下，趁机将自主学习的接力棒交给孩子，让孩子正式开启自主学习模式。

家长？孩子？学习主导权在谁之手？

掌握学习的主导权，就有决定学习方法和学习量的权利与自由，同时也要对成绩负责。如果把学习主导权交给小学生，可不可行呢？对于学习方法和学习量，孩子倒是可以自己安排和决定，但对于这种学习方式取得的成绩，就无法对其负责了。

所以小学阶段的学习，还是要先从家长引导孩子自主学习开始。家长主导，再慢慢转交给孩子。

没有任何一个老师能比父母更了解孩子，哪怕是从教多年的优秀教师。孩子小学全学科课程、成长、性格、习惯、规划、礼仪、学校生活等，老师不可能全部了如指掌，更不可能始终慈爱地进行全方位管理。家长为了解孩子情况问任课老师、问班主任……不辞辛苦一一打听和拼凑才能得到一个想要的答案，与其这样费尽周折，还不如在小学低年级时，自己来主导孩子学习，做了解孩子学习情况的第一人。

现实中，学习主导权可能在孩子手中，也可能在家长手中。下面介绍一下当学习主导权掌握在不同人手中时的具体情况。

家长主导学习

家长掌握孩子的学习主导权，通常我们称之为“妈妈牌”教育。家长陪在孩子身边亲自去教，从家长角色逐渐演变为教练、经纪人角色。开始时由于要提前了解知识点，所以家长会有一定的压力，但是可以为孩子量身定制一对一适合孩子的学习方案，所以对于学龄前儿童或低年级孩子来说，这种方式最理想不过。以小学低年级为例，教授的内容和难度都不大，而且又可以借此增加亲子共处的时间，所以不需要有特别专业的教课技巧，也可以轻松进行，只要不是急于求成就好。

有的家长抱怨，本想自己教孩子，结果没教好反而弄得亲子关系疏远；也有的家长反馈，自从自己教孩子之后，更能了解孩子的性情、气质、速度、优势、缺点，收获多多。我是强烈推荐这个方式的，家长只要能在辅导过程中控制一下自己时不时爆发的脾气，多一些耐心就好……其实大多数家长可能都不相信，事实上很多孩子也愿意接受这种方式，既能感受到父母充分的爱，又没有比较、没有竞争对象，完全可以按照自己的消化速度来学习。由于这种方式要求家长有足够的业余时间和精力，因此对家长来说可能会有一些现实难度。

如果按照这种方式辅导孩子功课，到小学三四年级时，就可以进行下一步调整。毕竟相比于一二年级，三四年级的知识难度会相应增加。面临孩子即将升入三年级，家长感觉压力很大，于是相应增加学习量、学习时间、习题册、辅助练习册。但是这样一来，孩子面对突然增多的学习量，会对学习产生厌烦感。

如果这时也用跟小学低年级时一样的辅导方式，就不太与时俱进了。其实，到了三年级，家长只负责辅导孩子的数学、英语等必要科目就可以了，其他科目可以让孩子自己学，让孩子自己多承担一些学习任务，这样到了五年级时，孩子就可以自行制订学习计划，差不多所有科目也完全可以由自己来主导了。这时，曾经由家长主导的学习基本可以变为孩子主导的学习模式了。

孩子自主学习

理想的学习模式应该是孩子跑在前，家长在左右辅佐。应该让孩子独立确定学习目标后制订一份具体计划，再由家长检查每日的执行情况。对于低年级学生来说这个模式难度较大。在家长看来，把学习全权交给一个小学生着实风险太大，令人不安。但并不是说孩子大了上了中学这种不安就会减少。有多少家长能爽快地答应，等上了高中就彻底放手呢？真实的情况是非但不能，反而会随着孩子年级升高科目增多而更加焦虑。

所以是不是趁现在不安指数没那么大，一步一步锻炼孩子自主学习的能力更为明智和有远见呢？如果错过了小学时期，可能就真的没机会让孩子在学习上去尝试和浪费时间了。试想一下，中学期间考试和学习压力突然增大，大家都在埋头拼搏，这时让孩子制订计划后去经历失败和再次挑战，没有那个余力和时间了。

而且中学的孩子正值青春叛逆期，平时跟父母说话沟通都有很多问题，要是家长再强迫孩子去摸索什么方法和习惯，注定会硝烟四起，恶化亲子关系。如果不想让孩子在中学期间懒得看书，只靠背诵老师画的重点考点应付考试，那么请从现在开始培养孩子自主学习的能力。无论从哪一点考虑，当前都是最为理想的黄金期。

04

自主学习，从小学开始

什么是自主学习法？

自主学习法，光听名字就觉得很高端。以前为高年级学生做讲座，即便是讲一些老生常谈的话题，但只要在前面加上“自主学习”的修饰语就突然变得高端，孩子们可能觉得这个词比较中听，更容易接受。

现在“自主学习”这个词孩子们早已听惯，但未必清楚它具体指什么，而且很容易与自主学习馆、自学中心、自学、独立学习这些词混淆。近年来家长也会问：“现在好像很流行自主学习，但具体指什么？”“我家孩子现在这个节奏是不是也算自主学习？”等等。

自主学习（self-directed learning），即由学习者根据自己的意愿选择和决定是否参与学习、设定目标、选择教育课程、进行教育评估的学习形式。

可能家长会问：“小学生能做到吗？”毕竟大部分初中生、高中生也未必做得到，尚为小学生的孩子肯定也不可能做得到。而我们要做的正是这件明知会失败却依然要坚持的事。因为我们的目的不是让孩子在小学阶段就熟练掌握自主学习的技巧，而是为了孩子在初中、高中阶段顺利适应自主学习，在小学阶段提前进行接触和尝试。第一步就是家长将学习主导权转给孩子，让孩子宣布“学习上的独立”。

妈妈们疲于育儿，迫切希望宝宝能独立入睡。但因个体差异，有些孩子的这个过程会费劲一些，但长大后都能够自然而然地学会并习惯独立入睡，不至于上了初中还离不开父母的陪伴，所以这只是时间问题。“学习独立”也是一样的道理，可快可慢，但总要面对。

如果孩子到了初中、高中还是要在家长带动下才去学习，问题就大了。孩子自己掌握着学习自主权才算是真正的学习，自己尝试并经历失败和磕碰，才能在经验和教训中逐渐磨炼出自己的一套学习方法来。给孩子开辟一条轻松便捷的康庄大道是家长的普遍心理，但一切都由父母安排妥当，是不是真的对孩子有益？

在尝试的过程中孩子做得不好也没关系，只有让孩子体验到成就感，才会萌生再去尝试的想法。在这个过程中，主导权自然地就过渡到了孩子的手中。所以如何提高孩子的积极性也是值得思考的问题。

小学自主学习，应该从什么时候开始？

小学生自主学习训练应该从什么时候开始？首先我们要认清一点，每个孩子都是与众不同的，不存在所谓的对所有孩子都适用的最佳时期。但我们可以通过了解和分析，判断出适合自己孩子的训练时期。那么具体要怎样观察和判断？怎样才算是“最佳时期”呢？知子莫过于父母。再忙、再漠不关心的家长，对自己的孩子也都了如指掌。所以孩子究竟应该从什么时候开始进行自主学习训练，家长是最有资格回答这个问题的人。

宝宝通常从 6 个月龄开始喂辅食，但这也不是绝对的。如果是早产、过敏体质、体弱多病的婴儿，则需要调整这个时机以及喂养方式。自主学习何尝不是如此。一般来说，稍快的孩子五年级便可以开始，稍慢的孩子六年级下学期也可以开始实行自主学习训练了。但毕竟个体情况不同，有些孩子可能在小学二年级就开始进行自主学习训练，且完全没有压力，但有些孩子可能到了初中，对于自主学习也感到吃力。反应快、理解能力强的孩子，三四年级便可以开始进行自主学习训练，但如果孩子上了五六年级接受事物还比较慢，那么说明其时尚早。其实不一定非要在小学阶段，即使上了初中也可以在恰当时机开始进行自主学习训练。毕竟对于孩子来说，将来的学习生涯还很长，甚至一生都在不停地学习和提升自我，所以起点看似慢了一两年，但只要一步一个脚印扎扎实实地加以巩固，完全不是问题。

下面，我将介绍一下判断小学生是否已具备自主学习能力的几项参考标准。符合的项目越多，说明条件具备程度越高。一共有 15 项内容，符合 8 项以上即可视为具备自主学习能力，意味着可以慢慢开始尝试自主学习训练。对小学生来说，自主学习的目标不在于完成，而是开始和过程。如果孩子跟标准中所列举的目标差距太大，那么请家长参考相应项目，平时多加以训练和提高。千万不能做一个凡事都给孩子代劳，事事都提醒、帮忙和干涉的家长。

分类	内容	√
学习习惯	独立确认并完成学校作业	
	不需要提醒和安排，也能保持每日读书的习惯（一周 4 次以上）	
	时间不充裕时能够主动思考如何合理安排待完成的学习任务（不必全部完成）	
学习习惯	一旦到了学习时间，不用提醒也能独立开始的次数越来越多	
	开始考虑如何能最快完成任务（动脑筋）	
	看到学习成果会有满足感，急于向父母炫耀	
	每日必做算术、写日记，并可以独立完成	

续表

分类	内容	√
生活习惯	越来越多、越来越喜欢整理自己的书桌、床铺、房间	
	可以把自己的书包整理得井井有条	
	努力遵守约定好的游戏时间和阅读时间等	
	做事或游戏时，会考虑安排顺序或制订计划	
	开始合理安排做一件事情的先后顺序（不一定要跟父母所想的顺序一致）	
	懂得规律作息的必要性，努力做到按时入睡和起床	
	努力保持饮食定时定量的好习惯	
	讨厌唠叨，表现出想要独立完成的意愿	

自主学习法启动，小学是黄金时期

现在的孩子要比父母那时成熟早，成长快。家长应该接纳这一点。如果是成长稍微迟缓的孩子，家长可以费心在前面拉一拉，在后面推一推，这种方法多少能有点儿效果。但是还没经历过被引导和督促就突然长大的孩子，想要再让他放慢成长的速度就不太可能了。这种快成长并不是孩子选择的，也不是任何人的错。

对于大人的吩咐总喜欢问个究竟，还振振有词有条有理；对于大人的世界抱有浓厚的兴趣；过早学习成人的语言和行为……孩子表现出的种种行为，都让初为父母的家长手捏一把汗。一心希望孩子能像一张白纸一样一直纯真透明，费尽心思让孩子远离视频网站，屏蔽各种手机游戏，努力撑起保护屏障让他免受外界影响，但这只是父母的一厢情愿而已。越是早熟的孩子越对同龄文化、成人文化接受得早，也更容易受其影响。

促进孩子心理发育的二次发育也大大提前。不少家长对于女孩三年级乳房开始发育，五年级便来初潮表现出担忧。而孩子接触淫秽读物的年龄也趋于低龄化，这让家长们更为担忧。如果是以前，为追星、买化妆品攒零花钱……都是中学时才会做的事情，但现在的小学生已经在做这些了。大人慌乱，孩子也一样慌乱。

养育孩子意味着任何时候都要看到孩子好的一面。孩子的成长快到让初为父母的家长措手不及，青春期的那些状况更是会让家长焦头烂额。我们要尽量去捍卫孩子的纯真，至于由于早熟出现的种种问题，不妨将其引导到对的方向和事情上，比如自主学习。

别看孩子只是小学生，他们内心其实是渴望得到父母的尊重和认可的，而不是把自己当作不懂事的小孩。他们喜欢展现成熟、稳重、独立的一面。当家长明白这一点时，自主学习就会变得简单许多。

“你不是总说自己是大孩子了，不想让我们像对待小孩子一样对你吗？行，既然这样，我们就用大人的方式来解决一下学习这件事？”不妨把孩子极力想表现的成熟和积极，当作一种积极的动力来利用。“对于普通的小学生来说，这种方式肯定有难度，但是你比同龄的孩子稍微成熟一些，而且一直都是行动派，说做就做。所以，我们觉得可以试试。”利用孩子过剩的青春期热情，再加以引导和正面刺激，也就加大了自主学习的成功概率。

“不就是自己学吗？这有什么难的？试就试！”一旦孩子表现出愿意尝试，家长可以趁热打铁：“爸爸妈妈当年都是到了中学才能独立学习的，不过以你的觉悟和能力肯定问题不大。”家长可以跟孩子一起研究具体的实行计划，怎么开始、如何进行。当孩子感觉到来自家长的信任时，不用过多语言去催促和提醒也会主动张罗着去进行。家长可以信任和全力支持。

下决心 1

学习，由心而动

在哈佛大学社会心理学教授罗伯特·罗森塔尔（Robert Rosenthal）的建议下，旧金山一家小学进行了全体学生新式智能测试。罗伯特·罗森塔尔教授并没有将测试结果告诉学生，只是给了教师一份“IQ 指数高，具有很高发展潜能”的学生名单。而事实上这份名单与测试结果无关，只是随机挑选的一些学生的名字。8 个月后，罗伯特·罗森塔尔又对这些学生进行了和上次一样的智能测试，结果发现名单上的学生比其他学生的测评分数高，而小学一二年级的这组分数更高一些。

为什么会是这样的结果？秘密在于教师向孩子们展示的有意或无意的反应与行为。教师认为，名单上的孩子是“学习好的以及能学习好的类型”，于是在面对这组孩子时，更多的是支持、鼓励、信任。而孩子们本能地感应到来自教师的积极信号时，潜意识中告诉自己不要辜负老师的期望，继而付出相应的努力，以高分来回报这份期望。所以大人的积极暗示，会对孩子的成长起到非常重要的作用。

事实上，学习不好的孩子承受的负面暗示多于积极暗示。他们会被轻易认定为努力不够，且很难成功。而孩子会根据周围人的评价自然地贬低自己。

如果期望孩子成功，那么请关注一下能促进孩子自主努力的环境信号。

我学习差。

我肯定考不好。

反正 100 分与我无缘。

妈妈每天都训我。

难题？不行不行！

每天都被训学习差。

二年级时成绩就很差。

我觉得这题我做不了。

总感觉会做错。

从事过小学教育的老师，对这些抱怨肯定不陌生。才上学几年，孩子们就纷纷抱怨这个不行那个不行，唉声叹气直摇头。这绝对不是出于谦虚，而是随着时间的推移会愈加明显，尤其越是高年级的男生，这种抱怨越明显。

如果你认为自己做不好一件事情，那就肯定做不好。认为做不好的这种想法其实跟放弃没什么区别。

如果实力不够，有去挑战的心就是好事，不足的实力，可以想办法努力填补。不完美又何妨？重要的是有愿意去挑战的心，且真的尽力了，就算结果不如意，但是尝试过，这种头破血流的经历弥足珍贵。这些经验会如同指明灯一样，在未来的人生旅途中给你力量和勇气。

总害怕自己做不好，认为自己不行……如果我们抱着这种消极心态，无论挑战什么事都注定不会有突破。就拿我曾经的学生来说，他们时常诉苦并不是因为实力不行，也不是努力不够。他们内心真实的想法其实很让人心疼。“我也想好好学。”“我也想得一百分，哪怕一次。”“我也想成绩好，被爸爸妈妈夸一夸。”

但不管是否有故意的嫌疑，老师们满怀期待的眼神和认可的手势，总是会投向那几个固定的孩子。而脱离了这个“关注光环”的孩子们，尽管内心也很想做好得到老师的关注，但嘴上却无所谓地说：“反正我也做不好。”以此来隐藏自己内心的真实想法。孩子的小心思被洞察得一览无余，但坚决说自己真的无所谓。这个样子让人心疼。把擅长的说成自己很擅长，被认为是炫耀；而把不擅长的说成“我可以做好”，则是一种自信。

我觉得我能行。

我试一试。

我觉得我能做好。

做不好也没关系。

感觉能比上次好一些。

爸爸说我能做好。

妈妈说我现在做得很好。

对于刚开始学习生涯的孩子来说，最需要的不是挤破头排队报来的人气补习班，而是从小成就获取的自信心。当我们认可和鼓励孩子，让孩子觉得自己有能力做好时，孩子会凭借这种自信，一个台阶一个台阶地迈向更高的领域。这样的父母，对孩子来说是最需要、最值得信赖的人。父母的鼓励，可以为孩子的求知欲插上一双翅膀，让他有动力飞向更广袤的天空。

凡事一旦去做就能做好。这类孩子如果开始做一件事表现得吃力，那么说明心还没有打开，自己没那个意愿，仅因为父母要求这样做所以只能听从安排。您的孩子是不是刚好处于这个阶段呢？如果是，那么请家长将关注点放在“只要去做就能做好”上，而不是只看到“孩子从不主动去开始”。孩子可能当前真的很厌学，也没有学习的动力，恨不得把书包撇到角落里再也不去看，但他尚记得与父母的承诺，所以依然在风雨中坚持。当恍然发觉孩子在强忍着厌学的心时刻跟自己做思想斗争，每天都在全力以赴时……做父母的是多么心疼和懊悔曾经的冷言冷语。

Part 2

小学生各阶段自主学习法

养成小学生自主学习习惯，需要经历四个阶段。

这四个阶段有机联系在一起，顺序很重要。

可以把四个阶段列个表格粘贴到醒目处便于记住。

无论何时去学什么，都需要这个过程。

就像上台阶一样经历无数次上上下下的尝试，就可以正式开始自主学习。

第一阶段
下决心

设定目标
（赋予动机）

第二阶段
挑战

制订学习计划

第三阶段
实践

实战学习法四阶段

第四阶段
回顾

测评与应用

01

第一阶段　下决心

设定目标

重要的不是实现目标，

而是在这个过程中学会了什么，成长了多少。

——安德鲁·马修斯

小学阶段的自主学习，应该从什么时候开始呢？想去书店给孩子选几本习题册吧，但又听说教材更靠谱……那还是想办法弄一套教材先学学再说……其实家长的心理都差不多，在决定为孩子开始一个计划时，首先想到的是做什么投资。这学期为了购买一批练习册花一笔开销；孩子上网课办个年卡，又是一笔开销；那套孩子心心念念许久的全集丛书，一咬牙一跺脚又是一笔开销……总觉得这些教育经费花出去才心安，仿佛吃了个定心丸。在很多事情上，父母为孩子着想，都体现在这种“花钱”上。

在把学习主导权交到孩子手上的过程中，我们忙着去做的，其实不是为孩子去进行各种消费。我们都忽略了最为重要的一点，那就是看似不起眼，但无比关键的一件事——“设定目标”。这个阶段的孩子，比任何一个阶段都更需要家长的关心和帮助。金钱投入是后面的事情。

在这个阶段，用“赋予学习动机”来概括也毫不夸张。家长应该围绕“为什么学习？”“学习能给我们带来什么好处？”“理想与学习有着怎样的联系？”等问题与孩子面对面交流，谈谈学习、谈谈梦想、谈谈目标。唯有描绘好“为什么学习”这个宏伟蓝图，并进行不断调整和逐渐完善，才能正式开启小学生自主学习的旅程。

设定目标——自主学习法的核心

从小学阶段的课程设计就可以看出来，整个课程的导入部分及重要部分便是“激发学生的求知欲”。课间休息时在教室和走廊玩耍的学生们，一旦听到上课铃响就会迅速地跑到课桌前坐好。其中不乏身体端坐在教室里，但心思还停留在方才的游戏上的孩子；对这节课根本不上心的孩子；讨厌这个科目的孩子……而教师的任务就是让这些孩子收心，把精力放到这节课要学习的内容上。

这个过程可以让一个没有学习欲望的孩子被赋予学习的动机。中学生由于要应付考试和成绩，所以有着接近强制性质的学习动机，小学生尚不了解学习的意义，就是对学习这件事热爱不起来，所以需要设定一个目标。

因此每一位小学教师在备课时都会考虑到这个问题，并以此来准备课件。如果说一节课的开始 5 分钟成功了，那么剩下的时间里就可以期待孩子们达到这一节课的预期目标。而所谓成功，就是“原本对今天课堂不感兴趣的孩子，开始表现出一些兴趣”。如果学生的反应不冷不热，就说明“原本没有学习欲望的孩子，一节课 40 分钟全程都对讲课内容漠不关心，只是耗着时间等下课”。

确定目标就是自主学习第一阶段里的“赋予动机”。在这个阶段，要让孩子有自主学习的意愿，明确为什么要学习。小学生大多讨厌学习，这是正常反应，所以要给他们一些时间去思考“为什么必须学习”。如果不弄清这个问题，孩子的自觉性就跟不上，也不会想到在学习这件事情上应该占据主导权。打个比方，再好的东西，我想让你拥有，但是如果你没有想要的意愿，那么我根本就没法给你。在孩子想打游戏、想玩的时候，必须先去学习，就算是讨厌的事情也必须去做……能让孩子想到必须做的理由，这便是学习的动机，也就是目标。

孩子是否有明确的未来目标？其实孩子只是不明白为什么学习那么讨厌，却非学不可；而大人似乎察觉不到这一点，只顾着督促孩子要这样或者那样做。其实孩子一旦弄清了为什么要学习，即便家长不推、不赶，他也会调动自己的积极性，嚷嚷着买书、买练习册。这时就可以打开钱包为孩子的学习投资了。

家长的角色，帮助孩子确定目标

为孩子准备营养饭菜，提供高级学习桌椅，送孩子心心念念的最新款电子设备，这些都是身为父母的我们愿意为孩子做的事情，但不是最重要的事情，更不是唯有父母才能去做的事情。比这些更重要和有意义的，是帮助孩子确定自己的目标，也就是帮助尚无想法、无意志、无动机、无目标的孩子，唤醒对梦想与目标的热忱。这才是最能体现家长责任心和积极性的事情，也是当仁不让的责任。

有些孩子可能在看“名人传”时突然被点燃梦想，有些孩子可能是因为老师的某句话突然感到热血澎湃，但更多的可能是源于家长的一个想法、一句话。赋予孩子梦想，让孩子有清晰的目标而自发学习，让孩子有意愿通过认真苦学实现梦想，为梦想而努力……这些都源于家长的一个支持、一句鼓励。如果这几点没能做到位，那么做题或上补习班都意义不大。

当父母每天的唠叨与训斥变为鼓励和认可时，孩子也会萌生“改变”的想法，渴望变得更出色，积极进取，争取考个满分让父母高兴。孩子的想法质朴而纯真。所以如果孩子现在对学习不上心，可能是因为还没有明确的目标和梦想，没有学习的动力，等有了清晰的奋斗目标时，孩子随时都能拿出全力以赴的满腔热忱。

通过有效对话，为孩子点燃梦想

家长可以有意识地和孩子讨论一下关于理想的话题。在学前班或小学低年级阶段，培养目标是让孩子养成良好的学习习惯和生活习惯，暂时还不需要太深入的对话。进行深入的对话也不是完全不可以，只是很难达到预期的效果。因为太小的孩子很难把远大的梦想和现实学习联系起来。当然，也不排除有些孩子在这个阶段已经清晰地树立了自己的梦想与目标，并专注学习。但这种孩子太少了。

大概从三年级开始，孩子们有了“目标”意识。这个时期和青春期开始时期差不多。三年级的小学生开始羡慕大人，对大人的世界表现出极强的好奇心，言谈举止也会模仿大人，以此来彰显自己不再是过去那个小屁孩。当孩子对成人世界表现出这种向往时，我们没必要因为他们做出一些与年龄不符的行为而过多指责，而是应该借此对孩子进行未来职场教育。

梦想这个话题可不像“吃炸酱面还是热汤面”这样简单和随意。如果能把握好孩子的情绪特点，切入梦想的话题会格外简单和自然。孩子也渴望长大，我们刚好可以问问孩子想要成为“什么样”的大人。注意哦，不是“成为什么”，而是“长大后想做什么”“想过怎样的生活”“想变成什么样的大人”，让孩子能够尽情表达自己的憧憬和愿望，说出将来想要的人生。过去，孩子从没想过这些问题，当家长积极地发问和引导时，他便开始认真思考有关人生与梦想的问题。

孩子渴望学习声乐，家长却说：“你是女孩子，不如好好学习将来考个师范类大学，去当个老师。”孩子将来想做机器人设计师，家长却自作聪明地认为去学理工还不如稍微再努力点儿将来考个医科大学……这些干预和说教都不可取。如果孩子有了梦想，我们应该趁他满心为那份理想饱含热忱时，多去支持和鼓励，并耐心告诉孩子，想要实现那个梦想，就要勤勤恳恳付诸努力，肯学上进才行。

借助图书和影像制品，将目标具体化

平时亲子交流较少的家庭，想要就孩子的自主学习目标、理想、未来职业等展开讨论比较有难度，但也不能因为这样就一直等到能够轻松展开话题的未来去讨论。这时不妨借助一下能将目标具体呈现出来的图书或影像。

针对 10 多岁青少年理想与未来规划的书籍很多，这说明现在的家长对于孩子的理想和未来规划重视度提高，同时也说明心里没有明确梦想和目标，在桌前机械一样学习的青少年较多。毕竟“缺什么就要呼吁什么”。以至于有“最具孝心的孩子是在青春期心怀梦想的孩子”这么夸张的说法，因为有太多孩子没有具体的梦想和目标，在虚度中学时光。

买几本适合亲子阅读的青少年未来规划类的书。家长和孩子可以轮番阅读。然后再以书中内容为基础进行交流，这时会发现沟通比想象的简单一些。

利用影像纪录片也是不错的方法。看看那些成功人物是如何确定明确的目标，如何靠努力成就的梦想，让孩子感受一下这些人物的与众不同，并讨论一下他们的奋斗历程，再延伸到成功人物的共同点……也可以找一些比较冷门的职业介绍影像一起观赏。

找一个人生偶像，让目标再近一些

年龄小的孩子可能还没有关于理想的概念，但他们也会有自己喜欢的名人、运动员、艺人。如果孩子对某个领域感兴趣，请家长在该领域找一名当前活跃的代表人物。如果这个代表人物刚好撰写了自己的奋斗史，或者在运营自己的视频网站，那么可以通过图书和视频带孩子进一步了解。这等于是在告诉孩子在他喜欢的职业领域，多了个现实中的前辈，从此他可能就很自然地多了个想去模仿和推崇的人生典范。如果孩子对某个行业感兴趣但找不到合适的行业典范，我们可以在网上书店找到合适的书籍，让孩子通过书籍来接近自己感兴趣的领域。

在我带的六年级的那一批学生中，有一个孩子的梦想是在谷歌总公司上班。他不只是嘴上说说，这个男生在图书馆借阅了介绍谷歌的相关书籍，还骄傲地告诉我自己在网上找到了入职谷歌的相关视频。

今天，如果你对某个职业感兴趣，只要在视频网站上搜一下就能了解五花八门的职业行情，让人眼界大开。我在视频网站上输入了“如何入职谷歌”关键字，便搜索出实际成功入职谷歌的员工们的后记视频，涉及的主题也很广。家长可以跟孩子在观看这类视频后探讨有关理想的话题。

父母的话语，赋予孩子学习动机

什么是适合自己的学习方法？孩子对此还没什么概念，但他们会懵懵懂懂清楚一点，那就是无论如何必须“好好学习”。学习并不会因为没有书、没有习题集、没有课程、没有补习班而受到影响，也不会因为没有消息渠道，或者不懂得学习的必要性而学不好。之所以学不好，归根结底是因为懒得学，不懂得为什么要学，或者道理都懂只是付诸实践有难度。这个时期的孩子，如果好好引导和启发会有很强的求知欲，家长一定要抓住这个时机。这句话并不是让家长逮着机会给孩子增加学习量，而是在这个时期让孩子在尝试后能体会到那种小小的成就感。这点千万不要错过。把孩子当前自然流露的良好状态加以训练，使之成为良好的习惯，是家长应尽的责任。

学习的内容简单、科目新鲜，且能感受到父母的关注，这时，孩子会保持饱满的学习热忱。一旦内容越来越多，难度越来越大，家长的关心不如以前多，孩子的学习热情便很容易减弱。

有时候和家长交流，我很为他们感到惋惜。孩子一心想要学好，但做家长的因为急于求成，为孩子报补习班，反而挫败了孩子的热情。开始时孩子肯定是兴致很高，挑战的难度略高于当前水平，而且每次被认可和称赞，自然会沾沾自喜。本应在此基础上相应调整学习节奏和难度，但说起来简单，做起来难。

家长的想法大多是这样的："可以适当加大学习量。""可以适当加大英语难度。"认为稍微加大难度和量，孩子应该也能跟上节奏，于是单凭自己的想象自顾自奔跑起来。尽管孩子已经完成了当天的学习任务，但在家长看来还不能达到满分，总觉得这哪能行，还远远不够。甚至开始拿自家孩子跟别的孩子比较，孩子听得不耐烦，就更不想跟父母敞开心扉，直接拒绝交流。孩子已经做得比去年更好，比昨天更好了。家长也很了解这些，只是看到孩子的同学都在努力，甚至奔跑在前，一想到这些，怎能淡定。明明孩子已经做得很好了，家长还想让其做得更好，觉得还能再拼一拼，当前的努力还远远不够。对于本应沉浸在学习的乐趣中迎接更多挑战的孩子而言，家长的这种过分要求和贪欲，只会让他们望而生畏、心生反感。

那么应该以什么样的态度和语言去激发孩子的自主学习欲望呢？分享一些比较受用的家长用语。

“你自己完全可以！”

帮助孩子树立自主学习的自信心，家长虽然要做琐碎而具体的工作，但并不难。可是为什么依然有很多家长不敢放手去尝试呢？因为家长摆脱不了内心的不安，认为由孩子自己规划学习，到最后只会弄得一场空。其实如果家长担心过多，势必会捆住孩子的手脚，还是应该放手让孩子多去尝试才有可能成长。

让孩子多体验、多积累，使孩子逐渐意识到学习是学生的本职工作。让孩了自己尝试独立制订学习计划：先做什么、后做什么。把选择的权利交给孩子，让其自己选择想看的书、中意的习题集。

其实在真正尝试前，我们无法看出哪种方式好哪种方式差，大多大同小异，没有谁知道哪种是对的选择。唯有尝试一下，才知道适不适合。如果想要寻求一个适合的方法，或许“自己选择和坚持”才是唯一的正解吧。解一道题也是同理，遇到难题就算做不出来，至少要养成去挑战和尝试的习惯才行。如果这也不行，至少要能想到如何去求助和取舍。

当孩子央求父母帮忙时，父母不妨回应一下："我觉得这件事啊，你可以自己去完成，应该没问题。"曾经因为不够自信被动地去执行吩咐的孩子，此时会由于家长的信任，突然被点燃了挑战一下的热情。

"要不要试一试？"

学习讲究心理战。如果孩子已经对学习有了浓厚的兴趣，学得起劲，我们就不必再给孩子额外的负担，只需要适当表达出对孩子的欣慰和自豪就可以。靠自己独立完成，充分感受到成就感和内心满足的孩子，无关年级与性格，都会对学习保持热情。我们要给孩子大大的掌声。

当孩子刚好有意愿自己试试时（确切地说突然心血来潮想尝试的时候），我们只需要确认一句"要不要试一试？"就可以。其实是有点儿激将法的意思。这时孩子大多会说："行，试就试！"这时，我们可以趁热打铁，为孩子加油鼓劲："这可是你自己要求的，那就试试吧。"

家长可以靠威胁和施压，让孩子去上课；也可以靠训斥，让孩子哭着鼻子完成习题集。但这都不是长久之计，学习这件事还得靠孩子自己醒悟。

"来吧，现在开始！"

一家人围坐在一起看电视，时间一到，孩子必须进房间开始学习。这时，孩子嘟囔着抱怨：“干吗只有我要学习？”家长随之就会顶一句：“我们像你这个年纪时，还不是和你一样？”话没毛病，但没法让孩子心服口服。

孩子在心理失衡的状态下去学习，不可能专注。原本他是不甘心的，只是拗不过父母强迫才去学，硬着头皮做题难免出错率高，这样一来又招来一顿指责。这样下去，孩子怎么可能爱上学习？

而这还只是开始。如果是正值青春期的孩子，矛盾就更明显。他们会以种种雷人的理由拒绝学习、故意拖延、应付了事。小学时的他们至少会做做样子，现在是公然罢学。所以我们还是趁小学阶段的孩子能配合时训练好一些。

入门时由家长引导，后期会简单许多，而且家长参与进来，孩子会少一些失衡和抱怨，也不需要藏着抱怨情绪，注意力更容易集中。所以在开始阶段家长一定要狠抓一把，用心一些。父母双方能够一起参与进来最为理想，但如果顾不过来，至少确保其中一位能跟着孩子一起进行。父母在每天的指定时间提醒孩子：“来吧，开启学习模式！”

孩子在学习时，父母可以在一旁读书、摘抄名句、练字，实在想不出做什么，哪怕抄抄账本也无妨……只要有个学习的仪式感就可以。看到父母在学习，孩子也会主动或被动开始学习。

对家长而言，除了学习、阅读，要做的事情实在太多了。到了饭点要准备晚饭，洗衣机里洗的衣服也要拿出来晾晒……所以在自主学习开始阶段家长尽量陪伴，等孩子慢慢走上自主学习的正常轨道，就不用再唠叨和干预了，只需要确认一下孩子是否完成当日的学习内容就可以。

“今天打算怎么学习？”

当家长问出这句话时，意味着学习主导权已全在孩子手中。“今天打算怎么学习？”孩子会回答出自己的具体计划——比如作业顺序，或者具体待办事项。提问的核心在于让孩子意识到这是他自己的事情，全部由他自己来安排和决定，和家长无关。自己的学习自己定！

孩子的答案可能不一定令人满意，但是暂且不要要求完美和成熟，只要是孩子自己的学习设想和计划就算是有了自己的主见。家长给予适当的口头鼓励后，对细节做相应调整和补充就可以。家长可以在放学后借着给孩子端零食或假期一起吃早饭的工夫，自然地问一下：“今天有什么学习计划？”

每个年级都有基本的教学目标。小学一年级以培养独立阅读习惯为主，小学二年级则以完成指定课题任务为目标。

各年级学习习惯与范围

年级	培养习惯	自主学习领域
1	独立阅读、阅读习惯、生活习惯	运算
2	各领域学习习惯	运算、日记
3	增加学习量、学习时间	运算、日记、看英语视频
4	增加中文阅读量、英语阅读量	运算、日记、看英语视频、阅读英语书
5	维持学习习惯、增加学习量	独立制订全方位学习计划
6	维持学习习惯、增加学习量	挑战制定目标、独立学习、反馈等全程一条龙

习惯不是一朝一夕养成的。开始时家长要手把手地引导，等孩子到了四年级，能具备每日学习的意识，了解当天的学习科目，并且在指定时间开始学习就可以了。如果孩子的学习习惯提前于当前进度，建议适用于高一年级的学习；如果学习习惯的养成属于偏慢型的，则可以适用于低一年级的教学内容。

分享今日计划

如果孩子“谈学色变”，家长不妨换个表达方式。这里所说的“计划”当然指的是“学习计划”，只不过避开了敏感的“学习”二字而已。无论是孩子还是家长都心知肚明。但正因为抹去了“学习”这个词，便让说的人和听的人都觉得轻松了很多。而重点也不是“讲出今天的计划”，是“分享”。

每个家庭成员轮番分享当日的学习内容，具体可以分为想做、必做、待做三部分。爸爸妈妈可以率先分享一些在孩子眼里比较正式的计划，最好是阅读、写作、考取资格证、考试、摘抄、评分等与学习相关的内容。当然，类似整理冰箱、垃圾回收与分类等家务计划也可以在分享范围内。真正的教育就是要有明确的目标、强烈的行动意愿和果断的执行力。

“还需要几分钟？”

如果孩子正在做题或阅读，家长可以估算大致所需时间后在即将完成时确认一下进度，或者在孩子学习一段时间有松懈苗头时提问一下，以督促其继续专注学习。说得直白一些就是家长要确认孩子已完成的情况，以及完成所需的时间。孩子在收到提问后会运行大脑寻找答案，计算出已完成和待完成的部分，一番分析和比较后，会发现已完成大部分，顿时感到欣慰和满足，继而收心，劲头十足地完成剩下的学习。

家长可以将这些语句贴到醒目的位置，常常练习，开始时可能会觉得有些尴尬和放不开，毕竟是平时不怎么用到的语言。如果是生性敏感的孩子，对于父母突然反常的说话方式甚至会感到诧异，不过也会很快就适应和接受，并且很快会意识到这些话中蕴含的积极而和善的用意，欣然接受。家长说这些话时，最好自然一些，自然到仿佛无意中随口那么一问。如果家长勉强挤出微笑，或者一本正经地去问，会很容易露出破绽，让场面更加尴尬。

02

第二阶段　挑战
制订学习计划

不制订计划，意味着计划失败。

——博恩·崔西

一开始大多是家长在帮孩子制订学习计划。这很正常。孩子不可能一开始就能独立完成这件事。学什么？学多少？孩子对这些全无概念。所以开始时学习的主导权掌握在父母手中。

当孩子有了明确的理想和目标时，可以尝试着让孩子自己制订具体学习计划。如果说之前的关注点在于孩子是否按照父母制订的计划学习，那么现在开始就应该关注“谁制订了什么内容的学习计划”。制订计划是由家长带着入门，但最终要交给孩子的重要课题。

我教过的学生当中，也有一些孩子从来不制订学习计划，但只要考试总能考出好成绩。这些都是按照家长、老师制订的完美计划严格执行的学生。

这类学生一帆风顺时倒没什么问题，制订计划的时间用来多背一个词，看似效率更高。但当他突然觉得学习枯燥时、和父母闹别扭时、觉得成绩和付出的努力不成正比时……危机说来就来。

任何人、任何时候，再怎么努力再怎么想要做好，都会经历瓶颈期。在遭遇这种危机时，我们可以用自己制订计划的力量激发想再次挑战的意志。

以前和家长交流时，很多高年级家长表示感觉自己家孩子比同龄的孩子幼稚显小。其实我在学校观察时，觉得这些孩子并不像他们的父母所说的那样落后于同龄。孩子在学校的学习、生活、游戏、和同伴相处等各方面，远比家长想象的成熟、独立。

所以请家长们相信孩子的能力，但是也不要一开始就要求那么高，要将孩子托着小下巴去思考如何制订计划的这份虔诚和认真呵护下去。随着经历的次数增多，孩子会越来越熟练，而家长需要做的就是耐着性子慢慢等。

孩子独立制订学习计划

有很多家长一方面让孩子学习的事情自己看着办，另一方面又不放心孩子自己制订学习计划，非要各种干预。这是因为他们对于孩子制订的计划不放心，生怕孩子学习量减少，只顾着玩。家长替孩子制定学习目标，再根据这个目标给孩子制订学习计划，这倒是很省心。每天阅读五本英语书、算两页运算题、做三页数学习题集上的题、写十行日记或两篇读后感……学习计划制订得随性且过于饱满，甚至有点儿单方面强制的感觉，小孩子哪里吃得消，结果不言而喻，孩子肯定是每次都赶鸭子上架一样做得不情愿。于是家长觉得孩子觉悟跟不上，任务完不成，开始各种训斥和施压……这其实是家长在跟自己过不去。

要知道，孩子自己制订计划才能充分调动起积极性。孩子列出来的学习计划肯定远远不及大人的期望，肯定会做得少，但是这个过程早晚要让孩子经历一下。自己制订计划再去实践，有过这种亲身经历后，孩子会成长很多，因为学习原本就是孩子自己的事情。虽然在开始阶段孩子很笨拙，问题也很多，但实践中的每次失败和弯路都将是宝贵的经验和收获。考虑到这些时间和精力成本，更应该让孩子早体验，早锻炼。

所以，请家长们把求快求多的欲望收敛一下，更不必盲目焦虑和不平衡。孩子小小的脑袋琢磨着这个计划该如何制订，这个过程可能要花费很长的时间，等到好不容易把计划写好了，却和家长的预期又相差太大，所以需要坚定的决心。我们家长应从长远考虑，把心态放轻松一些。如果为了完善计划而不停地灌输、说教，或许能将计划调整到理想的状态，但是这种节奏和状态只是暂时的，维持不了多久。

更为致命的是，经过大人干预调整过来的计划，表面上看着很完美，事实上会微妙地疏远父母和孩子的亲子关系。家长应该鼓励孩子良好的动机，并捍卫他们的成就感，让孩子在自主学习的过程中充满积极性，而自己则一点点退出和成全。孩子在经历制订计划、实现计划、遭遇挫败、总结经验、重新制订计划等一系列过程之后，也就逐渐掌握了学习主导权。

期待已久的自主学习正是从这一步正式开始的。有些孩子在父母制订的计划下，已养成良好的学习习惯。这类孩子到了五年级时可以让他们自己来规划学习，用半年或一年时间体验独立制订计划、修改、再重新调整的过程。简单归纳为“家长制订 ⇨ 和孩子一起制订 ⇨ 孩子自己制订”。

对于在小学阶段已经开始自主学习的孩子，家长应持续检查他们的学习情况，至少每周检查一次孩子的计划科目、时间、教材、方法等落实情况。因为同样是数学，可以视情况适当减少运算比例，增加思考题比例；或提高英语阅读级别，调整汉字学习时间；等等。如果孩子对新学的数学概念还不太理解，家长应和孩子商量解决方案，是继续让孩子自己摸索，还是结合一些网课进行理解，还是请个家教老师。

学习计划分长期计划、短期计划，两者是否相辅相成，尽其所能，直接决定自主学习的成效。在制订学习计划时，如果家长想尽可能少地介入，那么在开始阶段就应该明确长期计划和短期计划的概念。

长期计划

小学阶段学习的长期计划可以以年为单位，即年计划。（如果觉得一年时长太遥远和渺茫，可以以学期作为计划单位）我们可能都有过那种经历，新年伊始或升入新年级时会在本子上郑重地写下“今年我的梦想”。年计划的感觉与这个有点儿相似。自己制订计划后信誓旦旦地要如何如何实现这个梦想……这样的孩子现在越来越少见了，反而是越来越多的大人会趁着各种节日和学期开始，在心里给孩子酝酿着各种雄伟的计划：“今年可以增加一些学习量，把去年没有尝试的几门科目再补补。”家长的意愿越强烈，孩子就对自己的计划越不关注。孩子很清楚，就算自己一番精心制订计划，最后给家长过目时还是会被否决，被大人随意修改。所以家长要尽量少地介入孩子制订的计划。

先为每个科目制定未来一年将要达到的具体目标。首先把升入小学之后需要父母、习题册、学校等外界帮助的所有科目列个目录。然后再确认哪些科目是随着升入高年级无须另做复习计划的，看看有没有需要补充的科目，根据这些来制定这一年将要学习的科目种类。

这时，科目不是笼统的“数学”“英语”，而是“运算”“阅读英语书”“写英语日记”等具体内容。记录当前水平和进度，让孩子自我评估和分析一年后自己将要达到的目标。比如一直坚持阅读的孩子可以记录当前的阅读阶段，然后写下一年后希望达到的阅读级别。如果目前已经在读英语阅读手册，那么可以将长远计划定为一年后阅读章节书。

在确定了一年长期计划之后，可以再把这个雄伟的蓝图细分成不同时期、不同季度。假设长期计划是一座大山，要用一年时间来登顶，那么可以把每个阶段当作是中途的亭子，不仅供人们歇脚、缓口气，还可以借此回顾和总结，一路走来的每一个阶段，都是为登顶而做的必要的积累。相比于一年的长远计划，“每天阅读 30 分钟英语书”就具体多了。对于低年级的孩子来说，一年可能是漫长而抽象的，为了确保有始有终，也可以跟学校教学周期同步，按照上学期、下学期来制订计划。

新年伊始，父母和孩子一起坐在桌前，对面放个新年台历，一起看看这一年有多少个法定假期、节日、小长假、暑假、寒假等，“一年之计在于春”，这种习惯可以变成新的一年全家共同参与的仪式。需注意的是，在制订长期计划时如果涉及过多的具体细节，只会让计划变得复杂。那样的话，时间都浪费在了制订计划上。

家庭活动、周末旅行、小长假等特殊日子可以放到月计划、周计划中进行规划。如果因为七天长假耽误了学习，那么可以提前或在节后利用周末把耽误的这部分学习灵活地补回来，做到当月任务当月毕。写日记、阅读这些学习任务即便是在旅途期间也可以进行，劳逸结合，同时也能记录美好时刻。

有些孩子天生喜欢张罗，能够自行制订计划，但也有一些孩子觉得制订计划对他们来说太难太累。这时家长可以用一两个科目给孩子做示范。如果孩子还是感到茫然没头绪，家长可以每个领域都举几个例子，让孩子自己来挑选。比如，语文和数学是家长带着一起制订的计划，那么其他科目可以让孩子自己来尝试。凡事都有第一次，再难再不会，也应该给孩子自己去尝试的机会。

这一学年的运算领域重点知识（分数、小数、除法计算等），作文提升目标，英语读物的种类、厚度、时间、页数……这些都需要孩子自己去思考和决定。可能家长头脑中有很多周密且完美的计划和期待，但再完美的手工作品都不如孩子用稚嫩的小手自己制作的作品，所以请给孩子足够的尊重与机会。

短期计划

小学阶段的自主学习短期计划以“周”为单位较为理想。为顺利达成一年长期目标，可分为月计划；月计划再细分为每日计划（每天几小时或多少页分量）。

年度长期计划示例

学科＼活动	三年级长期计划示例
英语	• 看无字幕英语视频
阅读	• 挑战看完 100 本书 / 写下一句读后感 / 每天确保 30 分钟阅读
数学	• 乘除运算题每天挑战 100 分
语文	• 每天写日记 / 一周写两篇读书感想

学科＼活动	五年级长期计划示例
英语	• 每天英语读写 / 挑战阅读章节书 / 每天阅读一章节
阅读	• 挑战阅读世界名著系列 / 写下读后感
数学	• 完成六年级上学期基础习题集 / 练习分数、小数领域运算题
语文	• 完成五年级词汇习题集 / 挑战每天写作

学科＼活动	长期计划示例
语文（阅读）	挑战阅读古典书籍 • 挑战阅读 100 本书，整理阅读目录 • 每周写一篇读书笔记 • 挑战每天写日记（×× 行） • 记录读书笔记、写命题作文 • 用一年积累的作文编撰成书
数学	挑战每天运算（指定领域） • 自行复习、补习学校的课程（利用课本、习题集） • 挑战思考类、强化版习题集 • 独自预习下学期习题集
英语	每天阅读英语书 • 每天朗读英语书（指定时间） • 每日背英语单词（指定数量） • 挑战写英语日记（指定每周篇数） • 做英语阅读题（指定数量） • 看无字幕电影、听英语广播 • 坚持用英语进行电话交流、视频交流（规定每周次数）

如果孩子对于长远目标没什么概念，可以把它细分成短期计划，这样反过来孩子就能对长远目标有个相对具体的、清晰的认识。目标清晰了，执行起计划来才会有效果。

周计划、日计划可以让孩子自己制订，家长只在孩子求助时给点儿建设性的意见就可以了。家长可能会好奇计划进展得是否顺利，也会担心孩子做得不好，但是不适当放手，孩子就永远得不到成长。

我们一起来看看孩子的第一份计划表。一张纸上歪歪扭扭地写着寥寥几行，看着又可气又可笑，然而他自己却觉得学习任务完成了，撒欢地玩耍，家长看着不免一股火，甚至有趁早收场的闪念。可是万事开头难，这个关早晚都要过。“宝贝，今天我们从赛车场的出发点正式出发，如果赛车中途停下，就会被淘汰。妈妈知道这份计划你思考了很久，写得也认真，很棒！很了不起！我们坚持365天，等到那时候肯定能让学习赛车跑向终点，实现这个计划。”持续给孩子传递正能量。

开始阶段确定的量，应该是孩子能充分消化的量，这样孩子才能在每次完成任务时获得成就感。试想一下，兴致勃勃一腔热情地开始，自己制订计划、自己去执行，如果每次都不能达到目标，热情很容易冷却下来，再周密的计划也会不了了之，继而想逃避。大人都这样，何况孩子。

初期阶段应以“细水长流”为原则，内容不宜过多，贵在每天坚持，等到完全能自己制订计划时，再去增加时间和量。相比于数量，坚持更重要，所以制定的目标不必过于宏伟，能按照自己的能力刚好完成的量就好，重点是坚持下去。

“现在该干什么？”“做几页题？”“学到几点？”“要写几行？”以前家长常把这些问题挂嘴边，如今孩子可以自己制订计划、自己检查了。开始一段时间孩子会因为目标任务和实际完成的情况有差距，而经历一段手忙脚乱的时期。但是他们尝试的样子多么令人欣慰，我们应给予认可和支持。昨天的学习任务不达标，我们应提示孩子将未完成的部分体现在今日的计划中，直到完成。

周计划由于周期短、操作灵活，很适合在节假日、假期、旅游期间实行。遇到这种时候，孩子可以在周末或节前提前制订计划并完成。

如果孩子不是很抗拒，可以试一试下面这种方式。

遇到周末或节假日，可以让孩子挑选一两个感兴趣的课程学习。好胜心强的孩子本身享受制订计划和完成计划的这个过程，所以也会把周末和节假日学习当作是完成任务的一个特别过程，愿意去完成。

当然，如果孩子还不能接受在周末和节假日学习，家长也千万不要勉强，应该给予理解和尊重。因为在小学阶段，周末多学一些、少学一些不会有很大的区别。

周计划表格式

时间	星期	今日学习	确认
/	一		
/	二		
/	三		
/	四		
/	五		
/	六		
/	日		

有效利用学习记事本

孩子如果对制订计划感到没头绪，可以利用记事本。记事本印有基本格式，孩子只需要按照格式一项项填满内容就可以。每填写完一行，就停一停，研究一下。孩子需要一个没有家长唠叨、干预、改动、介入的过程，全程靠自己去制订计划和实施。

记事本印有每月、每周的格式，孩子按格式填内容，简单有条理。打开记事本，回顾每科内容，一边分析一边写计划，不必担心写错，大不了重新写，所以孩子可以大胆地记录脑子里的目标计划，等到想法成熟时，就可以整理到正式的计划本子上了。

在这个阶段，父母应做好指导。如果当前的学习量孩子能轻松驾驭，家长可以建议孩子适当加量（如果孩子说“不”，家长不应再去勉强），看看是否要调整一下一周各科的学习内容。切忌家长单方面命令孩子，要跟孩子好好交流后听听孩子的意见再定。

对短期学习量进行隆重的褒奖

有句话叫“三天打鱼，两天晒网”，但即便是这样，我认为在孩子的学习上至少值得期待一下前三天，大不了第四天重新做计划。大人做什么也很容易三分钟热度，何况孩子。

在孩子制订学习计划时，家长可以建议孩子从周期短、容易做、见效明显的开始，去挑战那些稍微坚持和努力就能达到的课题目标，例如做完一本习题册；一个月里坚持每天阅读 1 小时；阅读 50 本书；每天写日记，坚持 10 天等。

当孩子完成小目标任务时，家长要及时给予小奖励。比如，我每次完成手头的稿件时也会想着喝一杯可口的咖啡、买一本心心念念许久的书，犒劳一下辛苦的自己。虽说没有这些也可以完成工作，但是在拥有这些小小的褒奖之后，就会对挑战一件事满怀期待和成就感。孩子也需要体验这种快乐、成就感、自豪感和幸福感。

其实孩子的快乐很简单。一本习题集做完时，奖励一个小型糕点派对；一周日记完成时，奖励周末冰激凌大餐；30 天阅读任务完成时，奖励购书心愿卡。

当孩子靠自己的努力实现阶段性小胜利时，家长及时鼓励和奖励，把小奖励变为常态化，让生活具有仪式感。

03

第三阶段　实践
实战学习法四阶段

没有什么事情是只靠制订计划就能完成的。

——佚名

能让计划富有意义的，是实践。如果决定让孩子自主学习，那么就要告知其具体操作方法。孩子虽然明白学习要靠自己完成，但大多数孩子对于如何学习、用什么方法却一头雾水，毫无头绪。让孩子萌生自主学习的想法，告诉孩子具体的实践方法，这都是自主学习中父母应当做的。

从小学到高中，围绕教科书的学习基本不会脱离下面这个大框架。

理解教科书上出现的陌生概念的意义（第一阶段）；消化和熟知概念（第二阶段）；通过做题确认和测评是否准确理解和背诵了这些概念（第三阶段）；通过评分自行确认哪些是知识薄弱区（第四阶段）。确认薄弱点后，重新回到第一阶段进行第二轮学习，如此反复。

实战学习法四阶段

阶段	学习法	资料
1	理解概念	教材
2	（按照自己的方式）巩固概念	课堂笔记
3	测评	教材、习题集
4	评分、找出错误答案、重新巩固概念	错题本、教材

重复第一阶段到第四阶段的过程，便是学习的过程。这个方法适用于所有年级、所有科目。不同科目的具体学习方法我将在后面加以介绍，在这里仅介绍一下每个阶段必须重视的核心内容。

第一阶段：理解教材概念

学校学习的内容基本就是理解教材上的主要概念。有些家长会让孩子结合习题集或参考书去理解，但我不是很建议这样做。市面上的习题集和参考书增加了许多可有可无的信息和常识，反而容易分散孩子的注意力。编入的题量越来越多，习题集越来越厚，文字内容越来越华丽，以至于孩子经常会一时区分不出到底哪些是该章节的核心内容。无论学什么，都要先从中找出核心内容开始学，所以教材显得更重要。教材对每一阶段学生必须掌握的知识点进行了科学分配，是最基本的学习用书。

对于书中的核心内容要一个一个完全吃透，理解它、熟悉它。对主要概念有了充分理解之后，就能够自然地加以应用。其次才是考虑是否要使用习题集、教辅。

学习教材上的内容没什么特殊的方法，就是反复读、精读。尽管学生在课堂上已经学过这些内容，但是重点内容需要反复去回顾和复习，需要一个自己默默加深记忆的时间。当然，有时候反复读课文，依然会有不懂的内容。这往往是因为学生对于概念中出现的词汇不够了解。小学教材中出现的词汇，会在今后的学习以及生活中经常用到，所以遇到陌生词不要草草了事，务必查找词典，准确理解词义后再往后进行。

第二阶段：利用课堂笔记巩固概念

懂得“懂与不懂”，被称为“元认知”。它可以帮助人们区别出不懂的部分，使其集中精力去学习那个难点。

有些人误以为自己已经很懂了，就匆匆地翻页了，而有些人却与此相反。平时背诵能力差、不够自信的孩子，往往在学习上耗费的时间更多。事实上，相比于专注的时间，孩子发呆占据的时间更多。

——Lisa Son《元认知学习法》

可能大家都听过这样一个观点，学霸的学习秘诀源于元认知。以为自己很懂或不太懂，其实都是对于“懂什么、不懂什么”毫无正确认知的状态。这两种情形大多出现在对于某种事物似懂非懂的阶段。

读课文、看学习视频、在学校听课时常常会出现这种现象。学生常常在读题、看说明、听讲解时，误以为已经理解了、知道了。所以在学习时需要学生对听课内容进行复述，做笔记整理的过程，以此来甄别是否真的理解和消化了。

不忘记所学知识，牢记在脑子里，这一点比获取新知识更重要。那么如何才能确保已学知识不被忘掉呢？最有效的方法就是趁热打铁，课后直接复习。平时上完课，学生在下课时间用两三分钟在大脑里过一下核心内容，再浏览一遍老师所讲的内容。这种“知识反刍”可以提高记忆的效率。虽然只是两三分钟的回顾，效果却很好。

放学后回顾当天的学习内容，用文字和口头进行整理会效果加倍。把这一天所学内容中的主要概念，按自己的理解，用自己简单易懂的语言和方式进行整理，这个过程是课堂笔记的精髓所在。用自己的语言加工和整理教材的中心概念，有着不可估量的效应。人们在反复做一件事情时，有意识的想法和行为会逐渐转变为无意识的反射行为。所以一定不要忽略重复与习惯的力量。

使用课堂笔记三阶段

在使用课堂笔记时需要注意的一点就是一定要尊重孩子当前的速度。如果孩子一次都没有尝试过把上课内容整理到笔记本上，那么到了高年级再整理可能会感到吃力，建议从第一阶段开始循序渐进地跟进。看似费劲，但没有比这更快的捷径了。下面介绍一下各阶段课堂笔记的具体使用方法。

课堂笔记使用方法

阶段	建议年级	方法
1	1—2	• 放学回家，让孩子朗读当天所学的课本内容 • 用一行文字记录一下印象深刻的内容或感想
2	3—4	• 读完课文在家人面前口头复述一下 • 用两三行文字记录印象深刻的内容或感想
3	4—6	• 回顾当天所学课本内容，记录到本子上 （利用文字、图片、图表形式进行整理，避免遗漏核心内容和术语）

第一阶段，朗读、精读当天所学的课本内容。整理课堂笔记，意味着“回顾”和“概括”两种思维活动依次完成。首先，要把学到的内容从大脑记忆库中提取出来，在朗读或精读课本时，回顾当天所学的内容。回顾就是反复刻画和加深印象。通过这个过程，也可以对之前陌生或混淆的内容进行巩固和纠正。大声朗读可以帮孩子体会文章意思，进而背诵下来。这时，大人没必要针对孩子已读内容提问或确认是否背诵了下来。可能大人很想确认一下，但需要控制这种好奇心，如果实在不放心，想知道孩子到底有没有准确了解文章内容，不妨让孩子再多读一遍。

第二阶段，让孩子口头表达头脑中的概念。合上书，回顾一下刚才所看的课本内容，进行复述。最初可能语无伦次，不得要领，也想不起应从重点内容说起，想到什么就随口说什么。能把未经整理的原始信息表达出来也是一个重要的环节。这时，家长可以稍微提醒一下孩子遗漏的内容，或者通过提问暗示核心内容。等孩子习惯了这种语言表达和总结方式时，自然懂得去发现重点内容，且能够按照时间顺序、地点移动、概念比较等不同标准来条理清晰地进行说明。在课堂上，老师会用游戏等方式加以引导，激发孩子的表达欲望，创造轻松的发言氛围，鼓励孩子大胆表达。

第三阶段，等到能熟练复述课本内容之后，可以开始挑战利用文字、图片、图表等形式在课堂笔记上记录和整理所说的内容。把脑子里的内容，选取核心内容按照笔记本格式进行整理，通过用文字记录，进一步巩固。这时，课堂笔记自然起到了将来应付叙述类考试的预热作用。孩子在小学时有过记课堂笔记的经验，到了中学进行学业评估或者各种考试时，会轻松许多。

整理课堂笔记

记录课堂笔记的目的在于牢记核心内容，重点是记忆。整理笔记事实上是把理解和背诵的概念按照格式整理到本子上的过程。有些孩子在整理课堂笔记时，重点不是回顾课堂内容和梳理思维，而是把心思都放在了如何用漂亮的字体和好看的颜色填满笔记本上。学习好笔记也好的孩子很多，但笔记好的孩子并不一定学习也好。

当孩子记录课堂笔记时，上课自然会集中注意力。因为孩子明白只有认真听课才能整理得又快又好，所以真正精明的孩子，都会利用课间休息时间把课堂笔记整理好，而更加精明的孩子，都是在听课过程中就已经在课本上画下重点和容易混淆的知识点。

凡事刚开始都不可能是完美的，就算是让孩子参考标准示例依然需要摸索一段时间才能找到感觉。这道关一定要过了才能有所进步。记录课堂笔记并不会因为指点和改错就能快速进步。当家长用红笔批改，让孩子按照修改的句子一次又一次修改时，只会让孩子备感疲惫，甚至泄气，恨不得逃离这种糟糕的局面。想要让孩子坚持记课堂笔记并有所进步，就要懂得善于发现孩子好的一面，对于做得好的部分及时表扬。这样，下次孩子就会整理得更用心一些。快乐学习才能成就进步。

无论是上网课还是学校的线下课，请让孩子课后先整理笔记，再完成剩下的学习任务。趁热打铁才能事半功倍。整理到位的笔记看着会很有成就感。如果孩子每天整理所有科目的笔记有难度，那么可以降低标准，一周做三次，或从社会与科学这类需要理解概念和背诵的科目开始尝试。

整理课堂笔记主要包括日期、科目、概念定义等。如果当天的“社会”刚好学了“民主主义”概念，那么就在课堂笔记中整理“民主主义”这个术语的定义。

偶尔也有孩子对课堂笔记有误解，错以为课堂笔记是“记账本”。照这样写下去，所有科目的课堂笔记内容都会变成一个模式。比如，语文课的课堂笔记：“今天学了普通话与方言的差距。内容有点儿难，但还挺有意思的。”笑归笑，孩子对笔记整理有误解才会导致这种可爱的小错误。普通话和方言的课堂笔记应该是分别记录普通话的概念、方言的概念，以及二者的区别才对。

课堂笔记的具体样式如下。有些学校是老师统一设计好格式印发下去，有些学校是要求学生自己购买笔记本。当然，学生也可以从网上下载格式，打印出来。孩子如果喜欢写写画画，还可以在基本格式的基础上自己发挥和添加几笔，这样一来就成了独一无二的有个性的课堂笔记，这又是一个新的经验，而且有利于激发孩子的学习热情。

课堂笔记本样式

日期	____年____月____日　星期____
__1__课时 语文	
疑点 收获	
____课时 ____	
疑点 收获	
____课时 ____	
疑点 收获	
____课时 ____	
疑点 收获	

课堂笔记可按下面的顺序整理。看似步骤多，但多练几次就会发现步骤之间其实都是有机结合的。每次开始新学年或新学期时，家长如果能耐心引导，让孩子学会记录课堂笔记的方法，这一年就会“风调雨顺”。各个科目的课堂笔记整理技巧和正确例子、错误例子整理，我将在第三章进行介绍。

课堂笔记整理顺序

① 阅读课本内容（当天所学内容）

⬇

② 确认书中重要概念

⬇

③ 理解和背诵概念

⬇

④ 划分整理类型

⬇

⑤ 口述重要概念

⬇

⑥ 在课堂笔记本上整理重要概念

哪些科目可以做课堂笔记，记录多少为宜

整理课堂笔记的作用很多，但没必要每天都整理所有科目的

课堂笔记，事实上孩子也不可能有精力这样做。以背诵概念的科目为主，高效率背诵和整理是关键。语文、数学、英语等科目，相对需要花费更多的时间，像音乐、体育、美术等科目如果出现需要记忆的术语和概念（例如水彩画、短调、长调、柔韧性等）时，用一两句话简单带过即可。

不必一开始就确定课堂笔记要达到多少页、多少字。我一直主张很多事情的衡量标准以“刚刚好”为宜，入门后再调整到“想写多少写多少”的收放自如的状态，以及有意愿系统地整理好笔记。成长必然要遵循循序渐进的法则。小学低年级、中年级时每科能记下一两行即可，如果是六年级已经熟练的学生，每科可以挑战记录三行以上。

课堂笔记升级版

整理课堂笔记，从记下已学的核心概念开始。等这个步骤熟练了，再补充疑点、新启发等。

市面上的笔记本样式新增加了“疑点”和“收获”板块，原因正在于此。把重点内容整理到笔记本上固然重要，但是在此基础上，不妨再升级一下。不要仅仅停留在整理和背诵阶段，去积极探索该内容涉及的疑点，主动去寻求答案，这才是学习的真正意义所在。而且在学习过程中要随时把头脑中浮现的新想法及时记录下来，把被动学习变为能动学习。

就像为了完善计划表补充学习计划一样，为完善课堂笔记增加“疑点”和“收获”板块，正是自主学习的表现。这将为孩子在初高中阶段积极思考和探索练就有弹性的思维能力。

第三阶段：解题测评

孩子把记在脑子里的听课内容完整整理在课堂笔记上之后，应结合做题，核验一下对概念的理解程度。做题可以利用教科书或习题集，两者各有利弊（见下表）。家长可根据孩子的水平、年级、性格、学习时间等因素综合选择适合的材料。

分类	教科书	习题集
特点	概念说明为主——数学 习题为主，可做题——数学 巩固习题、实验观察	按课本内容整理，重点一目了然， 但是在未理解概念的情况下要死记硬背
水平	巩固概念为目的的基础类题型	从基础到应用、强化、思维训练、叙述训练，可选难度级别和形式多样
分量	概念类为主。一课时对应习题量约一页左右。各科习题量普遍偏少	每课时知识点对应的题量为 30—50 道。弊端是有时为了丰富题型，不重要的知识点也会被编入其中
应用	考核核心概念掌握情况的必需过程	在考核概念理解的基础上，做各种应用题，增加了课本上没有的知识点和百科内容

第四阶段：批卷、确认错题、重新巩固概念

在自主学习中，批卷、确认错题都是重要环节，但是孩子大多只重视做题阶段，批卷环节会交给父母代劳，错题也不了了之。在习惯形成阶段，批卷、检查、错题整理等环节都应由孩子完成。可让孩子从一科开始，逐渐适应和习惯。数学题的答案大都是唯一的，而且答案类型比较简单，所以可以从数学运算开始，让孩子自己批卷子。

孩子掌握批卷大权时，偶尔会想着偷懒对付，批卷不仔细，偷看答案，或者把错的当作对的来评卷，试图蒙混过关。小孩子要小聪明、撒谎也是正常现象。通过让孩子自主批卷，发现孩子不好的学习习惯、遗落的内容、撒谎和要小聪明……家长难免慌乱和上火。但是能在孩子小的时候发现这些，总算万幸。

通过批卷，孩子能了解自己的知识薄弱点，而家长能了解孩子的熟练情况，从而及时调整自主学习进程。做题过程固然重要，但是通过批阅卷子确认错题情况、加深对概念的理解，才是最为核心的过程，应投入更多的时间和精力。

为什么需要错题本

重要的知识点一旦了解了就不再是问题。做一套习题最重要的是“做错的那部分”。单元测评的目的在于通过做题检查学生对知识点的掌握程度，所以一定要完全消化后再进行下一阶段的学

习。而错题本是学生准确掌握和记忆知识点的精髓，要着重介绍一下。

最能体现错题本优势的是数学。对于那些重点在于理解和背诵概念的科目，如果做错题只需在课本上找出对应知识点后加强理解和背诵即可，一次背不完或需要重复巩固的知识点，在课堂笔记上用荧光笔和星号做个标记即可。这些科目相比于做一遍错题，再复习一次课本更有意义。

数学错题本是必不可少的。有些题比较烧脑、耗时间、出错率高，不要做完题合上书就算了，可以结合相关概念整理到错题本上，定期重做一遍，加深记忆。薄弱部分经过温习和巩固也可以逐渐变为强项，而用心整理在错题本上的概念和错题也不会轻易忘记。

孩子在高中阶段会做海量的题，但不可能所有题都做两遍再进考场，在做题过程中，如果遇到难题就单独过滤出来，集中攻克一下，毕竟已经会做的题，就算再去做也只是浪费时间，应该把重点放在那些容易混淆、经常做错的题型上，反复去做去熟悉，把难题吃透和消灭掉。通常情况下，难题、易错题是很难避开的，除了正视它没有其他解决方法，孩子要摆正学习心态，将其整理到错题本上，直到把来龙去脉弄清楚完全消化掉。

有家长会问，错题是当时就去解决还是过几天再去解决？我的建议是最好检测完立刻去做，因为过几天的话，往往会忘了当时的解题步骤，效果会减半。

最好是解题 → 检查 → 整理错题本三个步骤在当天完成。复习要趁热打铁，越是难题和难懂的概念越是如此。每天少量整理，等到周末时按照周单位复习，这样就不至于攒到一起让人生畏，也更有益于及时记忆。

需要错题本 vs 不需要错题本

不是所有科目、所有错题都需要整理到错题本上。整理错题本是一件耗时耗精力的事情。要不要整理到错题本上，有一个判断标准，那就是出错原因是因为不会做，还是因为马虎。.

并不是说马虎导致的错题就可以不当回事，而是要有主次。由于没有完全了解知识点导致出错，就必须加强练习。如果不搞清楚，下次遇到同样题型时可能还会做错。所以这类题必须重视。

而有一些题虽然做错了，但没必要整理到错题本上。这类题做错的原因可能是运算过程出错、没写单位、答题步骤对了但因为马虎写错答案……这些原因导致的错误不可能因为在错题本上整理一两次而改变。这时应该分析错题原因。

做错一道题的原因有很多。如果是简单的运算失误导致出错率高，那么需要加强运算练习。如果出错率持续超过 30%，说明这本习题集可能目前对孩子来说偏难，不如降低一下习题集的难度，从而提高准确率。水平没达到那个程度却执意挑战难题，只会让孩子增加挫败感。

如果是因为习惯性解读错误，或者不理解题目导致做错题，就需要加强阅读时精读、慢慢看题再动笔的练习，培养把已知条件标记后精读的习惯。

千万不能因为把主导学习的权利交给了孩子，就连后续工作也统统教给孩子自己处理。完全放手还为时尚早。孩子根据自己制订的计划完成学习任务，且连分数也评好，那么家长应和孩子一起分析反复出错的题目类型，并查找出错的原因。

孩子正处在摸索如何学习的小学阶段。孩子骑自行车时不小心摔倒确实是他自己的事情，但擦伤或撞到小区花坛，这种后果却是要由监护人来承担。自主学习也是一样的道理。

错题本整理方法

把错题抄到本子上，并重新整理书写过程，这是使用错题本的基本模式。孩子在抄题过程中可以重新审读一下题干内容。有些孩子因为审题不认真做错题，在抄写到错题本的过程中自然发现问题并很快解决，也正是因为整理错题才发现和醒悟到一个道理：如果当初认真审题就不会做错题。这也是个不小的收获。

不足的一点是，抄题费力又费时间。有些小学生本来写字就感到吃力，特别是低年级的孩子，抄题会占用不少时间。这时可以试试下面这些方法。

在若干错题中只选取自认为最难的那道题抄下来、剪报一样把错题剪下来粘到错题本上、将错题拍照后打印剪下来贴到错题本上……这些都能节省时间。

根据具体情况，这几个方法可以灵活使用。如果错题不多，还是直接抄写到错题本上，一边整理一边分析最为有效。

一般的错题本格式如下。错题本虽然和课堂笔记本一样有很多版式，但写问题、做题步骤格式大致相同。

错题本格式和举例

日期	______年______月______日 星期______		
题	错误答案	正确答案	错题原因
（××习题集 p15，5 题）计算 0.8×0.7	0.8 ×0.7 5.6	0.8 ×0.7 5.6 0 0 0.56	应为小数点后面两位数，想成了一位数。 ⇨ 计算结果保留小数点后两位数

04

第四阶段　回顾

测评与应用

自我反省是获取智慧的学校。

——巴尔塔沙 · 葛拉西安（Baltasar Gracian）

最后阶段是测评和应用，与单纯的练习题评卷不同，这一阶段主要考查孩子独立制订的计划是否可行，计划执行率达到多少，在执行计划的过程中遇到哪些困难，下次计划需要改进哪些方面，等等。是对孩子自主学习的整体评估和检测。

孩子如果独立完成了前三个阶段的自主学习，无论是否完美都已经算是坚持得很好了，所以在第四阶段中，家长的角色也不是很重要，学习的主角依然是孩子，家长只是孩子需要时出现的助理角色。不再需要家长一一过问计划的完成情况，基本可以认为孩子已经把握了自主学习的节奏。

在家长的眼里，什么是最快、最有效的学习方法，其实一目了然。但是家长不能手把手地去教，更不能强迫孩子必须服从自己的方式，这会挫败孩子的学习热情，剥夺孩子的探索权利。随着年龄的增长，孩子会越来越觉得家长的帮助和建议是指手画脚和唠叨，而青春期的孩子对此反应更为明显。所以自主学习才更应该从现在开始。

孩子渴望独立，家长的工作就是做好辅助，辅佐孩子更好地独立适应。无关学习量和熟练程度，孩子只要能每天按照计划学习，有这个意识和行为，那么自主学习就已经开始了。学习量多量少没关系，重点是孩子真正按照计划付诸行动了。这就已经迈出了成功的第一步。

孩子幼升小时家长陪在旁边，做一道题家长便会检查一道题。后期家长可以减少检查的次数，给孩子自己检查的机会，让孩子自我锻炼。家长的事无巨细一一检查，很容易变为干涉、唠叨、束缚；但是如果一味地放手，认为孩子自己自然会做好，就又可能走向另一个极端，变为放任不管。因此家长需要把握好最佳的距离和度。

如果有需要补充和修改的部分，让孩子自己去调整和修改就好，这也是让孩子学会逐步完善的做事过程。

不同阶段的学习检测方法

自主学习与家长介入刚好是一组反比例关系。所以想要确认孩子当前是否已进入自主学习状态，可以把家长当前参与的次数和检查积极程度作为一项评判标准。

家长从过去那个忠实而积极的检查者身份逐渐一点点放手，变为淡定的旁观者，退居二线。这说明孩子的自主学习已有了阶段性的收获。聪明的家长会抓住这个机会，顺水推舟，而不是孩子已做好自主学习的准备，大人却没有及时发觉到这一点，依然一厢情愿地给孩子代劳。

如果家长发现了孩子的自主意愿，应相应减少检查次数，放宽检查标准，让孩子拥有自主权。反思一下，家长无微不至的干涉会不会事与愿违，阻挠了孩子的进一步成长？

下列表格可以帮我们查看在孩子的学习过程中，学习主导权的移交进程。家长可以对照和查看孩子当前所处的阶段。

阶段	内容
1	• 孩子学习时，家长全程陪伴在身边 • 孩子做题，家长批阅 • 家长与孩子坐在餐桌或客厅书桌前，一起学习
2	• 孩子主动要求独立学习某一科目 • 写日记、运算等每天进行的简单功课，靠孩子自己独立完成 • 孩子独立完成后拿给父母检查 • 孩子根据当天的心情和情况，选择在客厅还是在书房学习

续表

阶段	内容
3	• 家长因忙碌、生病或者照看弟弟妹妹忙不过来，嘱咐一句“你自己做”时，孩子可以独立完成当天的功课 • 孩子独自到书房学习，做完作业再出来，而不是中途出来，自觉性越来越高 • 家长虽然每天检查，但是不检查的时候，孩子也能够独立做完
4	• 孩子能够按顺序去学习，有独立解决问题（不能解决时懂得提问和求助）和完成学习的意愿 • 当天内容学完后，统一提交给家长检查 • 家长从每天检查到隔天、三天检查，也不影响孩子正常完成任务 • 做完的习题册孩子能够自己评卷，检查错题
5	• 家长不用孩子检查各个科目，只需向孩子确认“今天的学习任务是否完成”即可。一周检查一次为宜 • 孩子在书房全部完成功课后再出来，告知家长一声“功课已完成” • 孩子在完成既定任务后，有成就感，主动去考虑明天、下周的学习计划

检查功课，家长不妨这样说

下面介绍一下每个科目检查的最低标准。前面我也讲过，不要想着检查太多内容。如果检查内容过多、过细，大人孩子都会疲于细节。家长每天检查功课的时间控制在 20 分钟为宜，如果超过 20 分钟，涉及内容过多，范围过广，大人孩子都会觉得有压力。最初从 20 分钟开始，以后逐步缩短检查时间，等孩子逐渐适应和熟练后，5 分钟就可以轻松检查完。

科目	领域	推荐用语	检查内容
语文	阅读	“书的内容有趣吗？”	• 确认是否达到了目标阅读时间 • 如果确保了阅读时间，书的种类或坐姿可以不做苛求
	日记	“写完了吗？”	• 确认是否达到目标字数（规定行数） • 找出经典语句或书写漂亮的部分，用荧光笔做标记，表扬和鼓励
	词汇	“是什么意思呢？”	• 引导孩子解释一下新接触的词汇的意思 • 可能解释得不完整，了解大致意思即可视为通过
数学	运算	“嗯，都做对了？”	• 做完题自己评分 • 确认做得是否准确（基本正确） • 如果都对了，挑战限时做题 • 一起做错题，确认解题方法
	习题集	“全部做完了？”	• 让孩子自己做题、评分后，重新检查错误部分
英语	阅读	“理解了吗？” “有趣吗？”	• 确认是否理解了大致意思 • 如果完成了目标阅读量和时间，不再过问是否准确把握了书的内容
	习题集	“做完了？”	• 全部做对 → 检查不会的词句 • 有错题 → 查问是否理解了例文含义
	写作	“写得怎么样了？”	• 可忽略语法错误和书写拼法 • 如果完成了目标字数，找出优秀字句和难词，用荧光笔做上标记，给予表扬
	单词	“来，默写一下！”	• 把当日所背单词按照英语、汉语顺序进行默写（不读出单词） • 自行检查漏掉的单词或写错的单词

下决心 2

凡事过于着急，容易失败

小学阶段的学习从家长手把手引导自然过渡到自主学习，有一个简单又管用的秘诀。那就是放松、再放松，不要那么焦虑和心急。其实成功养成自主学习的习惯不需要过于紧张，天天在孩子耳边施压和训斥只会适得其反，孩子变得不肯尝试，不但成绩达不到预期效果，亲子关系也会一落千丈。这时，家长就会觉得曾经视为掌上明珠的宝贝，现在怎么看怎么不顺眼，看着上火。而孩子也会因为父母投来的目光不像平时那么友善，而变得躲躲闪闪。这可不是家长想要看到的情景。

小学阶段是从自然状态趋于逐渐定型的过程。而家长过于焦躁，总想要个切实可见的结果，一旦看不到期望的结果，就毫无收敛地流露出失望和焦虑之情，一方面践踏孩子的自信心，另一方面又指责孩子："做什么都一副没信心的样子，还能做点儿什么？"

有些家长时而抱怨儿时父母的一句话导致现在自己这副模样，却舍得用同样的方式对待孩子，言辞犀利，不懂收敛。在孩子的教育上操之过急，和刚种下种子就期待第二天发芽开花没什么区别。

小学生还是个尚未发芽的种子，需要种植在肥沃的土壤中，需要沐浴阳光、清风和雨露，需要悉心照料，需要养分、水分、阳光、风力都恰到好处。这些都做到位之后，剩下的便是等待了。什么时候发芽？会变成什么样子？现在还都是未知数。

家长一厢情愿着急，就算孩子理解那份心情也不可能配合得很好。因为想配合也心有余力不足。大人有大人的时间和节奏，孩子有他自己的时间和节奏。大人其实是清楚这一点的，如果因为心急就催着赶着，只会徒增大人和孩子的烦恼。

说归说，我也知道等待是一件辛苦的事情，但还是希望各位家长慢慢来，放下焦躁，调整好心态，循序渐进。

比较是禁忌

不要拿孩子跟同学比较。事实上有不少家长认为在学生时期，拿孩子跟同学比较是理所当然的事。但是孩子也有眼睛，懂得观察。比如，妈妈们出席公开课时，孩子们能一眼看出谁的妈妈最漂亮。我记得我家孩子一年级时，他们班里的同学给妈妈们排过序，我还被排到美貌第三名。这还是孩子主动告诉我的。本以为是没心没肺的小孩子，没想到个个是小机灵鬼，让人惊奇又好笑……

孩子去小朋友家里做客回来后，一直念叨人家妈妈做的炒年糕有多美味。备受打击的我从那之后相当长的一段时间都不想再去尝试自己做，要是想吃炒年糕一律点外卖。因为做了肯定也免不了被孩子拿来跟他同学的妈妈做一番比较。所以尽管冰箱里囤了不少冷冻的年糕食材，我也懒得张罗着去做。

莫名地被比较一番，就算是大人也无法接受，何况是孩子。

希望家长也能理解一下孩子的这种心情。无论是说的人还是被说的人，心情都不可能很好，而且那种伤害会持续很久。原本幸福和睦的家庭，说不定一下子就被这种有意无意的比较，弄得不再快乐，不再和谐。所以家长们要尽快跳出比较的怪圈。

从今天开始，请忘掉别人家的孩子，只专注自己的孩子。父母的精力用到自己的孩子身上还远远不够，而且小学六年时间会比我们想象的过得快多了。

把零星的点，连接起来

当前家长所看到的孩子的状态、成绩、结果，都是零星的点。在学校，老师用表格输入月考成绩进行排列时，一秒钟就能分出成绩的优劣。但这是为了下一年分班所进行的工作，而不是家长要去关注的事情。

连点成线，任何零星的点都可以连成线。小测评、周评、月考成绩、定期测试、期末成绩……都是零星的点。家长应该考虑的是，如何连接这些点，才能勾勒出那条理想的线。

描绘人生全部的线并不简单，但至少孩子高考之前的线，我们可以努力去勾勒它。线的形状、方向、粗细、弯曲度、密度……在我们用心描绘的过程中，会逐渐意识到这个历程大可不必那么匆忙和急躁，而且对孩子的学习也似乎开始有了整体的把握，真正变得从容起来。

如果是按照理想的方向前进，哪怕线描绘得缓慢也大可放心。只要方向是对的，速度迟早有与方向一致的那一天；就算不能赶超，也终将达到理想的目标。所以任何时候，方向都比速度重要。

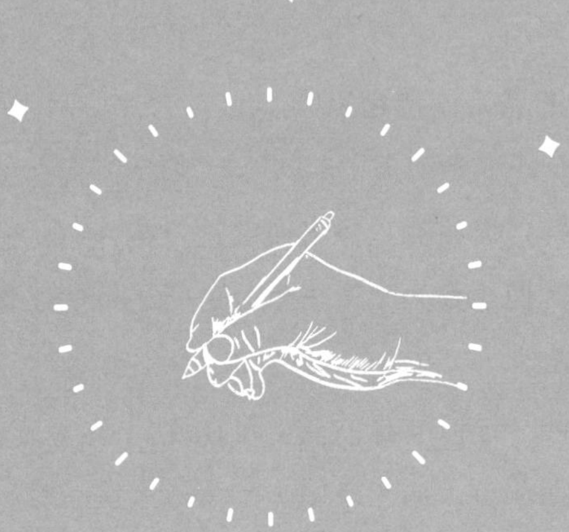

Part 3

小学各科自主学习法

当孩子有了自主学习的意愿后，可以让孩子在小学学习课程中应用这种自主能力，自己制订计划、自己实践、自己检测、自己调整与补充。这个章节我会介绍小学阶段各个科目相应的学习方法、相关图书、音像资料等信息，家长可以让孩子自己去查找和应用到学习当中。如果孩子有学习意愿，家长却苦于不知道如何有效帮助他，那么下面介绍到的信息刚好可以给您一些启发和帮助。

01

所有学习离不开听、说、读、写

小学阶段所有科目的学习都围绕着听、说、读、写。孩子在小学阶段的主要任务就是这四项技能均衡发展，而小学教科书是保持这几项技能平衡的一把尺子。那些专心听老师讲课，认真完成作业的孩子能够保持全科成绩好的原因就在于此。这四项技能乍一看像是语文领域的技能，但小学所有科目都以这四项技能为前提，是基础也是必要技能。我们具体分析一下这四点。

听

在听、说、读、写四项技能中，听是基础。人类出生最先做的就是听。宝宝通过聆听周围的声音、爸爸妈妈的声音，开始咿呀模仿，对世界萌生好奇心，渐渐认识真相，继而理解情感。一般一个小学班级由一名老师和三十多名学生组成，大部分课堂以老师讲学生听为主要教学方式。首先要认真去听，再根据听来的内容去说、去写。听的环节尤为关键，所以平时要让孩子养成认真听的好习惯。

为什么学习由“听”开始

事实上，小学课堂上最理想的听课态度不在于发言有多积极，而是听课有多认真。对于以听为主的被动型学习方式有不少人表示质疑和不满，但是认真听是理解的前提，只有认真听了，才能把理解的内容进行主次删减和整理，变为自己的东西。特别是接触新概念时，如果听课不认真就不可能理解和消化。这就是为什么听同样的一节课，听得认真的孩子成绩更优秀。

决定小学阶段成绩优劣的关键在于听课态度。同样一节课，每个孩子听进去的程度和效果肯定不一样。听课认真程度不同，上完同样一节课的结果也大不相同。集中注意力听课的孩子，在同样时间和空间里相比于其他学生大脑接受的信息会更多。

课堂上总有一些孩子，两眼炯炯有神，竖起耳朵专注地听老师讲课。认真听的孩子，课堂发言也积极，他们也起到了活跃课堂氛围的作用。通常情况下，这样的孩子成绩也不会差。

习惯一旦形成便很难改变。如果孩子认真学习但成绩不理想，那就需要确认一下孩子是否在学校认真听讲，在课堂上积极互动，而不是急着给孩子换更有实力的课外班和家教老师。一个班级有几个同学可能是上的同一个课外班，平时学习任务也差不多。同样的老师、同样的课本、同样的习题册、同样的作息时间、同样的学习量……难道是孩子笨？当然不是。除非是特殊的情况，否则按照大多数人的情况来看，听课态度导致成绩差异的可能性最大。任何课外班，都比不过学校的课堂。

良好的听课习惯会持续到初、高中整个学习阶段。一旦上了初、高中，平时各种小考也会多起来，每次的评估结果会决定中考、高考的成败。所以在小学阶段养成良好的听课习惯非常重要，这远比在小学阶段开始预学中学数学或者背诵高中英语单词更重要，唯有认真听好每堂课，才有可能应付好将来的各种考试。

学校考试由任课老师出题和批卷，所以没有谁能比学校老师更了解考试情况。在平时的课堂上，老师肯定会不断地提供有关考试的各种信息和提示，所以认真听任课老师的课，是考好该科目的最佳方法。与其说是考核学生的实力，不如说是考查学生平时听课的认真程度。

我从事小学教育已有 15 年之久，没见过哪个孩子听课马虎考试却很好。以小学高年级为例，学生每天在学校大约有 5 个小时在听课中度过。大家不要小看这每天5个小时，认真听和不认真听的差别不言而喻。一天中投入几个小时记住核心要点，同时吸收每个任课老师的知识点和出题方向，这就是孩子在学校每天听的全部内容。所以“认真听”是孩子做好作业、考好成绩的前提。

父母的一言一语是可以影响孩子的。孩子放学回来，家长不妨过问一下当天课堂所学内容。如果孩子认真听且积极互动，请及时表扬和鼓励孩子，这会让他更加专注于课堂听讲。不要做一个只关注成绩的家长或只纠结在补习班上排名是否提高，而是应多去关心一下孩子在课堂上学了什么，对哪些内容感兴趣。这更能激发孩子的积极性。

良好的倾听习惯在家养成

良好的“倾听习惯”和“听课态度”，可以从小在家培养。有时候父母在谈话，孩子在一旁听着听着就突然插上一句。这时父母应该用和蔼但果断的语气告诉孩子：“现在爸爸妈妈正在说事情。等妈妈讲完，妈妈再听你说，可以吗？”

要让孩子明白，当别人正在交谈时，不能随意去打断对方的话，而是要等到轮到自己说话时再说，要学会先倾听。

有时候围绕一个话题跟孩子讨论时，说着说着很容易跑题。这可能是话题本身不够吸引人，或者关于这个话题孩子不想发表什么言论。这时家长也要如实告诉孩子：“妈妈现在想和你谈论××话题。但是你总在提××，这样会显得你没有认真听妈妈讲话，让妈妈很难过。我们先把 ×× 话题讲完，然后再去谈 ××，好吗？”

现在的孩子都很娇气，所以很多家庭在交流时，多以孩子为主进行，聊天话题也经常被孩子牵着鼻子走。习惯了以自我为中心式对话和日程安排的孩子，不懂得尊重他人的意见，平时做事也会表现得独断专横。所以家长应该反思一下平时在家庭对话中，是不是过于以孩子为主，是不是所有主导权都给了孩子。

人与人之间共同决定某件事，并非单方面决定，而是以双方协商为前提，要经过充分的对话，意见不同时，最有效的方法是站在对方的立场想问题。我们可以通过对方的眼神和表情读懂对方的想法，但更直接的沟通方式是去聆听对方怎么说。用心聆听才能读懂对方的意思，实现有效沟通和协调。而这个过程是在家庭中学习和体验的。凡事都从孩子的角度优先考虑的环境，很有可能会害了孩子。

学校每天都会组织几次小组活动，目的是让学生们通过听取多方意见，发表自己的看法，收集不同的意见，相互协调和分工后，完成任务。整个摩擦和协作的过程才是小组活动真正的核心部分。不那么快捷、不那么熟练都没关系，过程本身才是最重要的。

说

父母都希望自己的孩子在学校课堂上积极发言、和老师沟通有条有理、和同学玩耍大大方方……但谁也不可能一开始就逻辑清晰、有条有理。有时候孩子说了一大堆来表达自己的想法和意见，但大人听得云里雾里，听不懂重点。尽管这样，父母还是应该倾听一下，附和一下，鼓励和引导孩子说得更具体一些。

如果还是感觉这样听孩子说话比较费力很考验耐力，不妨回忆一下当年孩子咿呀学语时的可爱样子。不会说话但并不妨碍宝宝去表达对这个世界的满心热忱和好奇，手舞足蹈地极力去表达着，让父母无尽欣喜和兴奋。而看到爸爸妈妈的回应，宝宝会更加起劲儿，咿呀得更加兴致勃勃，就这样某一天突然会喊“爸爸妈妈”，开始说话。小学生虽然会语言表达，但是还没到“能说会道、善于表达”的程度，对他们来说，也在经历类似从咿呀学语到开口说话的阶段。当然，他们已经过了咿呀学语的年纪，但是的确也还没到自如表达的阶段，所以有时候词不达意，也请家长耐心一些。

说话，从家庭开始

虽然在小学课堂上老师努力想让每个孩子都尽可能地多发言、多表达，但是毕竟班级里人数较多，让每个孩子每节课都能发言不太可能。尽管如此，老师依然会尽量让每个孩子都有发言的机会。2020 年，突如其来的新冠肺炎疫情，常让线下上课转为线上。孩子们不仅失去了上课发言的机会，还失去了通过其他同学的发言间接学习语言表达的机会。以至于家长又开始不安起来，考虑是否要为孩子报主持、演讲类的课外班。这种心情是可以理解，但是我们在发现孩子的一些缺点时，如果每次都首先想到求助课外班就有些问题了。身为家长，首先考虑的应该是这些问题是否能先从家庭得到解决。因为任何老师都不如父母。

孩子在经验中成长，说话也是如此，平时在与家人对话的过程中，用语言来表达自己内心的想法……这种经验远比在课外班接受专门训练有效得多。假设一家人吃饭时没有任何交流，只闷头吃饭，家庭氛围无比压抑和尴尬；每当孩子刚要开口说什么，父母就劈头盖脸地打击孩子，没有民主可言；父母不善于表达自己、木讷……在这种环境中长大的孩子，即使把他送到口才培训班也不可能突然就青山流水般开口说话。

如果孩子感到说话表达有压力，家长应该在每次孩子表达时，积极认同孩子的观点，并给予肯定和回应。别管孩子说得有多么天方夜谭、是否说错话、是否无聊无趣、模棱两可不着重点……都要让孩子先感受到宽松的环境，不妨碍自由表达，唯有让他放松没顾虑，才有可能鼓励他更愿意表达。

有些孩子因为性格内向不喜欢说话表达，有些孩子是不善于表达……越是对于别人的提问习惯回答“嗯”“是”“不是”的孩子，越需要在家庭中与其多对话、多交流。往往有一些家长，直接将这样的孩子送到课外讨论班，但是孩子在那样的环境中也备受煎熬。由于缺乏语言表达的经验，当孩子面对人多的场合时，会显得更加胆怯和放不开。

而有些孩子在参加系统的讨论课之后，会有立竿见影的效果。这类孩子到了高年级依然话很多，喜欢天南地北地侃大山，或者平时喜欢模仿同学说话，或者好胜心理比较强……对于这类孩子，上四五人为一组的主题讨论课是很有效的。具体情况具体分析，对家长而言，了解自家孩子的情况才是学习的第一步。

说话的所有经历，都将丰富词汇量

如果担心孩子词汇量掌握得不够，可以重点加强孩子的说话训练。家长平时可以带孩子进行接龙游戏，或者玩其他语言游戏，从而丰富孩子的词汇量。

日常词汇量用说话来加强，会比特意去看书更有效。孩子在掌握看似高深的新词后，会暗暗牢记心间，然后期待展示的机会，这也是孩子的普遍心理。家长要了解孩子的这种心理，所以当孩子在对话中运用到和平时不同的稍难的词汇时，要及时口头表扬一下，而不是忽视。

“哇，好厉害！竟然用到了这么妙的词！”“嗯，这句话运用得恰到好处，你怎么想到的？了不起！”得到大人的认可，孩子备受鼓舞，会更加留意新鲜、高深的词汇。

有时候也会有用词不当、词不达意而闹笑话的时候。熟知一个新词并运用恰当值得称赞，能将新词尝试着放在不同文章中加以应用，这种勇气和精神同样值得鼓励。

接触一个新单词，可以让孩子试着造句，要是不方便特意腾出时间，可以利用晚餐时间。孩子开始造句时可能显得生硬、不那么恰当，但这些都不重要，贵在尝试和习惯，总有一天会造出完美的句子。家长们不妨这样想："能丰富词汇量固然很好，但是即便不那么如意，至少可以是一次开心的尝试。"

抽不出时间时，不妨利用一下汉语词典，随手翻开一页，利用翻到的某个词来让孩子随机造句。不用上纲上线，抱着娱乐的心理反而能坚持得更好。语言用得越多越丰富。

读

初级阅读者需要耗费很多时间和努力才能获取信息；而阅读熟练的人，大脑会主动带动各种程序，快速而准确地理解信息，甚至做出复杂的推论。这表明在阅读过程中，孩子为理解内容而做的积极思索和尝试，对提高孩子理解力、推理能力、自我规划能力等有很大帮助。所以在小学阶段要把"阅读"作为重中之重来培养。

有些小学生尽管年纪小，但已具备熟练的阅读者的思维。这跟阅读量无关，只能说是天赋。这类孩子学习上稍微用心，排名靠前不是问题。这种例子很少，但是这些特例还是会左右家长的判断力。觉得那孩子明明不看书考试却总能排第一，是不是说明阅读和学习并没有直接联系？这个误会有点儿大。

像这样天生具有阅读者思维的孩子不多。大多数小学生都是普通人，开始时都只是入门级阅读思维。让孩子的阅读思维只是停留在当前的入门水平，还是通过训练和培养达到熟练阅读者的思维理解水平？如何取舍取决于家长的意志和态度。如果孩子不喜欢阅读，或者没时间看书，或者不知道该看什么书，以这样那样的借口懒于阅读，那么阅读思维注定停留在初级阶段。问题是等上了中学，孩子要依靠过去的阅读积累，与具备“熟练阅读者思维”的那些孩子竞争。

具有熟练阅读者大脑思维的孩子，到了小学毕业时便开始表现出和其他同学的差距。由于小学阶段科目少、知识范围相对窄、知识结构不那么深，所以不同大脑之间的差距并不明显。但是一旦升入中学，就完全不同了。

中学阶段，不仅科目和学习量增加，难度也会明显提升。跟不上进度成绩下滑的学生和快速提高的学生，两个极端会越来越分化，瞬间就可以拉大距离，而这种差距随着年级越来越高，会越来越明显。所以在小学阶段就必须培养孩子的阅读思维。

从故事书入手

要让孩子体验沉浸式阅读，可以从故事书开始。沉迷故事书的孩子会不会“冷落”了非文学领域书籍呢？这点大可不必担心。无法投入阅读才是问题，如果孩子能快乐阅读故事书，对于非文学类书也不会太排斥。

在阅读故事书的过程中，孩子会代入角色成为书中的主人公，去领略完全不一样的世界，这对于培养孩子的想象力、共情力、表达能力都非常有益。在此基础上，还可以锻炼孩子的思维能力、逻辑能力、理解能力。故事中的情节，同样在孩子的头脑里展现无限空间。

喜欢读故事书的孩子，由于能从文字中感受到快乐，所以也容易接纳文字本身，会因为内容吸引人而喜欢看，对故事后续情节好奇，忍不住继续阅读，在不知不觉中就养成了好的阅读习惯。阅读量增加，造句和语法结构也会掌握得自然简单。

如果在此基础上再掌握一些新术语，那么社会、科学、经济、地理、历史等非文学领域的图书也可以轻松阅读和理解了。看到包含陌生内容的文章也不会大惊小怪，而是可以快速掌握内容的核心。这就是见证阅读能力的时刻了。

学习类漫画，不妨这样看

阅读领域不存在什么捷径，唯有量的积累带来质的飞跃。孩子的大脑想要接受阅读首先要多阅读，至于种类和题材家长不必限制得过多，可以忽略内容的好看与否以及难易度，要先以数量取胜。让孩子把每天阅读变为理所当然的分内之事。不用提醒也能主动去翻阅书，这是孩子自主学习的良好开端。

随着时间的推移，后期可以让孩子尝试阅读趣味性相对减弱、知识性相对加强的图书。起步阶段不一定一帆风顺，但是任何事情都需要一个磨合期和忍耐期。从故事书过渡到全文字类图书对孩子来说就是这样一个艰难的过程。一本绘本的字数，在纯文本上可能充其量也就两页内容。曾经一天看完十本绘本没有难度，但是现在勉强能看完一本纯文字的图书。如果孩子挑战纯文字图书尚有难度，可以曲线救国，利用一下学习类漫画。

学习类漫画像绘本一样便于快速阅读。漫画书的特点是仅看图就能理解大致内容，就算没看前面的内容，也不影响后面内容的阅读。随手翻哪一页都有可读性，基本不影响理解全文脉络。

现在市面上的学习类漫画不仅涉及各个领域，内容也做得很良心，很入家长的眼。但阅读专家们并不推荐学习类漫画。

他们的理由是，在从绘本过渡到纯文本读物的过程中，把学习类漫画作为跳板也不是不可以。只是往往这个时候，孩子很容易沉迷于学习类漫画，忘了最初只是要把学习类漫画作为跳板，最终没能顺利过渡到纯文本阅读阶段。学习类漫画也不是一定不能看，但不能被计入有效阅读时间内。把看学习类漫画这一行为纳入到寓教于乐的游戏或兴趣活动中更为适合。能增长见识的视频、电视节目、游戏，和学习类漫画性质上没区别。假设孩子通过观看介绍历史内容的视频增长了历史常识，但不能因为这样就说阅读了历史书。

看和读是两码事。把看学习类漫画的时间纳入到阅读时间确实不太合适。从性质而言，阅读学习类漫画更接近收看屏幕设备的时间（通过手机、平板电脑等电子设备观看视频、上网课、打游戏等)。所以如果一开始便将学习类漫画阅读时间明确归纳到屏幕设备收看时间的话，孩子和家长就不必每次为看的时间长短而产生分歧。既然孩子是利用玩耍时间看学习类漫画，家长尽管偷着乐好了，毕竟相比于玩，看书更能增加知识量。

了解孩子的阅读质量

学习类漫画不是必选项，有些孩子不用学习类漫画做跳板也能很好地接受纯文本图书。只是家长无法确定孩子的阅读到底有没有进行到位。每个孩子的阅读偏好都不同，而且个人阅读行为无法做比较也无法过问外人。这时可以用下列三个准则来查看孩子的阅读是否有效。

首先，孩子喜欢看书吗?

想要孩子热爱书，首先要让他对一本书感兴趣，并把它读完。有过快乐全读经验的孩子，一般会被吸引开始下一本书的阅读。所以关键在于找到能让孩子体验“第一次快乐全读”的书目。这时，可以参考一下同龄孩子喜欢看的书。

其次，阅读量是否增加?

要循序渐进地慢慢增加阅读量。尝试一件事情就期待有立竿见影的效果，是家长普遍的心理。但是有些事情确实急不得，要耐着性子慢慢来。如果孩子尚停留在迷恋绘本或者字数相对少的童话书阅读阶段，又没有独立读完整本书的经历，可以引导孩子看看章节书。

章节书有共同的背景和角色，每个章节独立开始故事，以短片集形式设计故事结局。由于每个章节都是独立的故事，所以情节展开快，内容结构相对简单，很适合一口气读下来。

如果是五六年级的孩子可以挑战一下内容稍微有深度的书。平时热爱阅读的话，可以尝试读青少年小说或名著。孩子也会因为父母突然像对大人一样对自己而信心陡增。需要注意的是，这类青少年小说最好是家长先看一下内容，毕竟是以青少年为对象写的书，里面可能会含有暴力情节或刺激性内容，这点一定要替孩子把好关。

世界名著或中国古典名著版本琳琅满目，完整版、简约版、成人版、青少年版、小学生版等等。在众多版本中选择一个符合孩子阅读接受能力的版本就好。如果对于选择没太大把握，可以带孩子去书店让孩子自己选。毕竟孩子是按照自己的兴趣选择的，相比于别人强加的，肯定更容易看进去。等孩子看完整本书，再去挑战字数稍微多一些的版本。

选择读本时首先是孩子的阅读偏好，其次是适读年龄。即便是低于年龄水平的读物，只要能看进去，就是收获和成功。阅读不怕慢、不怕少，只要持之以恒，必然能有所提升。

接受能力强的孩子，随着年级升高，阅读兴趣也会相应变浓厚；相反，接受能力差的孩子升入中学后，由于负重奔跑太累，不得不丢掉阅读兴趣。接受慢就按慢节奏，接受快就按快节奏，各位家长按照适合自己孩子的情况引导一年，孩子就能练就独立选择读本的慧眼。

最后，阅读时间是否有所增加？

坚持每天阅读。每天拿出 10 分钟进行阅读，持续一个月后再相应增加时长。小学高年级应确保每天最多 1 小时的阅读时间。制订一天的学习计划时，可以把吃饭、睡觉放首位，其次是运动和阅读。先确保这些之后，再去增加其他功课。

数学、英语、钢琴、美术、讨论论述、科学、编程……一天日程被这些填满时，运动和阅读时间基本就没了，所以应把运动和阅读放在这些之前。学习再大也大不过吃饭和睡觉，也不能大过阅读和运动。在小学阶段确实是这样。

挑战非文学领域

家长应有意识地让孩子关注非文学领域的书籍与资料。升入中学前进行阅读热身，尝试一下非文学领域阅读，升入中学后就能够理解含经济、社会、科学、历史等专业知识的文章，至少能无障碍阅读和理解课本内容。所以小学高年级开始就要让孩子接触一下非文学读本，至少对此有个初步的接触和认识。

不过，不建议让孩子看社会、科学等专辑图书，可以试试儿童报纸杂志，不仅内容丰富，涉及领域广泛，读起来兴趣盎然，避免了枯燥乏味。前提是孩子对阅读故事书已经没有任何障碍。

阅读渠道不必拘泥于纸质书，电视新闻、纪录片、报纸也是非常棒的阅读资源。我家订了份《经济日报》，老大对此非常好奇，有时候还会趁着我们大人不注意自己拿着看得有模有样。对于孩子来说，他们这个年纪能看懂的报道可能也就一两篇，但由于新闻的特殊性，通过看报纸接触看动画片不可能接触到的新鲜词语，也能刺激孩子的好奇心，带动孩子的求知热情。

错误的阅读习惯即刻改正

在观察孩子的阅读情况时，还要注意他的阅读习惯是否良好。习惯一旦形成，不可能一两天就改正过来，需要很大的耐心。家长一旦发现孩子的错误阅读习惯，要耐着性子去慢慢引导和纠正。

整天只看书

将该做的功课、作业、房间整理统统抛之脑后，整天捧着书看个没完……虽说读书是好事，但是如果该做的事情不做，只看书，就是问题了。这类孩子，有可能是被书的内容所吸引，但也有可能只是借口看书，逃避功课和整理家务。

对于低年级的孩子来说，阅读和学习投入的最佳时间比为 1 ∶ 1。阅读时间稍微长过学习时间也无妨。一旦到了高年级，就应该把阅读和学习时间比控制在 1 ∶ 8 左右，这样才能不耽误学校的功课和成绩。在三四年级时，可以让孩子每天在阅读上投入半小时，在学习上投入 2—3 小时。

孩子如果已经六年级了依然整天看课外书，那只能说明没能养成良好的学习习惯。对于这样的孩子，只能像小学一二年级一样，从每天学习一小时、每天做一页算术、每天阅读一页英语……这样的方式来进行训练，养成习惯。一旦习惯养成了，就可以尝试自主学习了。

可以从每日学习一小时的小目标开始。如果是第一次尝试，又恰逢青春期，起步会更加难。既然孩子那么喜欢阅读，那么当他完成当天的学习任务时，用增加阅读时间作为奖励最适合不过。每当完成指定学习任务，就允许孩子去看课外书。只要能让孩子尽快平衡好阅读和功课的时间分配就好。

只看漫画书

小学三年级之前的孩子看漫画书问题不大。前面也说到，如果漫画书能起到从绘本到纯文本图书的过渡桥梁作用，那么再好不过。但是有不少孩子在这个过渡阶段，直接就深陷其中，忘了当初是为了什么接触的漫画书。这时，如果家长责备孩子只看漫画书会很打击人。所以家长应该和孩子事先约定好时间，再给孩子看漫画书，让孩子明白漫画书只是兴趣爱好类项目，应该适度。

入门时请家长为孩子读纯文本读物。如果到了四年级，孩子依然沉迷于漫画书，那么就该跟孩子好好探讨一下了。比如，孩子看完纯文字读本就给他一点儿看漫画书的时间。纯文本读物在内容上需要家长严格把关，最好是那种孩子随意翻看两页，就能发现内容很吸引人，愿意主动读下去的书。看完一两本这类书之后就会让孩子感受到成就感，点燃对课外读本的热情。知识点太多的丛书，或者晦涩的古典书不适合这个年龄的孩子看，拔苗助长式阅读只会让孩子厌恶阅读，所以一定要留意。

幸福并不是想做什么就做什么。如果自己很讨厌一件事情，但还是能够先去坚持完成，再去做自己喜欢的事，那种成就感和幸福感无与伦比。成就感就是幸福感的另一种形式。让孩子体会过去不曾有过的各种幸福感，也是身为父母理应去做的事情。

不看书却听书

我们阅读一本书为的是从作者的立场去思考。从这点来看，不推荐孩子去听有声读物，因为耳朵听见却未必能在大脑停留片刻，听完也就听完而已。走马观花一样听了全程，根本没有片刻思考的时间，也不可能对所听内容有什么深入思考。内容是听懂了，却把积极思考的环节整块剔除了。而且听书往往都是开始时竖着耳朵听，一旦熟悉了那个节奏，就变得散漫和漫不经心。故事没能真正经过大脑留下任何启发和思考，直接就绕道溜掉了。

如果孩子习惯听有声读物，建议购买同版纸质书让孩子先朗读一遍再去听有声读物。先主动获取，再被动接受，还能让低年级孩子养成放慢速度有声朗读的习惯。因为当前让孩子快速阅读也心有余而力不足。嘴动、脑动更加有益于积极思考。跟只看漫画书的例子一样，要让孩子先把该做的功课完成再去做喜欢的事情。只是换了个顺序，但得到的效果却大不相同。

我家孩子在完成功课后就开始阅读课外书，这对孩子们来说既是一种休息，也是一种对完成功课的奖励。其实当初这个习惯的养成并不那么顺利。从孩子的各种小习惯开始抓起，经过五六年的尝试、失败和再尝试，才终于换来眼前这一片祥和有序的美好画面。

一件事情要坚持 5 年才能成为习惯，而习惯一旦形成，就会开始对好的读本有所期待，阅读时会进行甄选和比较。但是千万不要想得太美好，毕竟罗马也不是一天建成的。我们家这一路走来也经过了各种吵闹、争执、哭闹、鸡犬不宁的过程。有时候看着一切风平浪静，但又马上原形毕露；有时候看着进步很大，懒惰又突然悄悄抬头。就这样忽好忽坏，跌跌撞撞经过了各种折腾之后，才总算走上井然有序的轨道。

写

要问语文领域里最难的是什么，无论大人还是孩子可能都会认为是写作。毕竟对成年人来说写作也是一件很难的事情。低年级学生生活阅历少，还不擅长写作，对他们来说写作是一件令人头疼的事情。别说叙述一件事情，拿笔写字本身可能还不是很熟练。

想要写出点儿内容，至少要多听、多阅读，对事物有一定的见解和观点才能让输入转为输出。唯有多写多练习写作才能有所提升。正如在成为出色的高级厨师之前，要经历无数次切、剁、砍、片来磨炼刀功，要试吃无数遍体验出每道菜的酸辣咸淡的微妙差别一样，想要写好作文，也需要去反复写、反复斟酌和修改。

如果嫌写作计划实行起来有点儿难、有点儿麻烦，可以先从口头作文开始，再自然过渡到写作阶段。

写作的前提是思考。脑子里的想法酝酿好了，就可以变为话语，话语经过逻辑整理写下来，就成了写作。写日记也可以先从“说日记”开始，由简入繁。有些孩子喜欢一边吃东西一边说，从学校发生的趣闻逸事到烦恼、新鲜事情，小嘴灵动地说个不停。这时家长可以一边倾听，一边引导孩子拓展和想象，尽可能地帮孩子把一个话题说得具体一些、完整一些。如果孩子的话中有名言妙语，家长要及时予以肯定和鼓励，譬如“这个思路太妙了”……再做好文字记录。让口头表达像种子发芽一样，某一天开出文字的花朵来。

从抄写开始

如果把想法文字化有难度，可以先从抄写文章开始，不必动脑，只照着范文抄写即可。抄写其实有很多优点：可以改善拙劣的文笔，有助于提升书写水平，还能提高词语表达能力、文字驾驭能力。如果是看书不够细致喜欢走马观花的孩子，那么刚好趁这个机会养成精读的好习惯。

孩子不可能一开始就十分乐意去抄写文章。写作之所以难，除了酝酿难，也因为写字让孩子感到肩膀疼、手腕疼、手指疼……不仅费力，还费时。用铅笔写字，再怎么马虎糊弄，也需要耗费一定时间，而且如果写得潦草，父母和老师看了还要返工……所以孩子抗拒抄写也能理解。

刚开始进行抄写练习时，建议从两三行开始。从孩子当天看的文章中选几句让孩子抄写。这种方式摘录的好文好句，将来也可以在写读书笔记时加以利用。

要知道，抄写不是写作的秘诀，不妨把它看作是一种全新的读书方式（世上最慢最慢的阅读），唯有这样，才能在慢中体会到收获。

抄写课本，还可以侧面让孩子纠正书写错误。让孩子先从抄写课本范文开始，由简单的入手，关键在于稳而准，注意书写格式。

可能有些家长会问，既然横竖都是写，抄写《论语》《三字经》岂不是更有益？当然，如果您的侧重点在于培养孩子的人文素养和专注力，那么可以让孩子抄写这些，但如果是为了帮孩子提高书写能力，我觉得还是课本上的文章好一些。像《论语》这种类型的语句，对于很小的孩子来说很难信手拈来用在写作上。我的主张是，最好让孩子找平时用得上的文章来抄写，教科书无疑是最合适的。

当然，如果量多到让孩子感到吃力，就不可取了。当家长观察到孩子表现出难以接受时，就应该相应减量。任何时候恰到好处才能维持长久。量一定要适当，如果让孩子感到吃力，就适得其反了。有些孩子第一天因为好奇，兴致很高，一口气就能抄写好几页，但很快就会厌倦，维持不了几天就喊着太累，不肯坚持了。那么趁着尚有昨天的热情，今天也会乐意去抄写。对于刚起步的孩子来说，一天几句就足够了。

写得自然才能写好

那些写作好的孩子都有一个共同点：喜欢阅读，写作不费力。对这些孩子而言，写作似乎没什么难度，即便是写的质量和普通孩子差不多，两者投入的时间和精力也不一样。普通孩子绞尽脑汁用一小时写出来的作文，和写作好的孩子花个几十分钟轻松搞定的作文读起来没什么太大区别。

孩子能轻松写好课堂作文，说明平时经常做写作练习，日常构思和酝酿也没什么困难。能够独立拟定写作题目，面对命题作文也能在片刻思考和酝酿后下笔如有神，写得又快又好。

这样的孩子一般学习很好。因为写作本身就能考证一个人的思维能力。阅读时眼睛明明盯着文字，但可以在大脑中思索别的事情，枯燥乏味的段落会跳过去，冗长的内容还懂得泛泛地读个大概。但是写作和阅读就完全不一样了。写作时稍微走神就无法做到上下文脉络连贯，不得不停下手中的笔。由于写作是要求前后有脉络的，所以也无法跳过一段草草写个大概。在写作这件事情上，你偷的懒都将体现在文字上面。写作不是思考的痕迹，而是思考的结果。

当然，也不是说写得自然的孩子学习成绩就一定好。但只要能写，家长就不必过于担心。因为写作至少证明了孩子懂得逻辑思考。擅长逻辑思考的孩子，即便不会有立竿见影的效果，总有一天会像金子一样散发智慧的光芒。因为学习同样是以逻辑思维为前提的，所以就算在写作上一时看不出有突出的表现，也要坚持写下去。

唯有坚持才有可能写好

写作练习不同于听写单词或背九九乘法表。九九乘法表或听写都有标准的答案，只管对错就可以。但写作是需要长期投入精力不断雕琢和完善的过程。九九乘法表和听写只要机械式背诵和练习就可以，但写作并不能通过短期突击练习就能有所提高。写作是一个文火煮饭的过程，只有持续地努力去写，才能一点点进步。

从零基础到成为写作能手是一个循序渐进的过程，而且对于文章写得好与坏的标准也比较主观，所以有些家长又焦虑了，认为在家辅导写作没有固定的标准答案来验证效果，还不如送到写作班。其实写作班也不是出售灵丹妙药、包治百病的地方。把孩子送到写作班，家长的焦虑是稍稍缓解了，但孩子的写作水平并不会因为送到了写作班而提高。这种做法只是转移了焦虑，而不是真正消除了焦虑。

真心希望家长们不要过分焦虑，以平常心对待学习这件事。其实大部分孩子都觉得写作难。喜欢写作又写得好的孩子太少了。既然大家都写得不那么好，那么焦虑什么呢？从现在开始慢慢培养写作能力就可以了。看似难的事情去开始、去尝试也就不见得有多难了。

我们的目的不是把孩子培养成文笔流畅的大文豪，虽然如果能那样再好不过，但是这需要三分天赋加不懈的努力才有可能。当前我们对孩子的期望很简单，那就是能够“把自己所想所感受的用文字表达出来，掌握最基本的写作能力就可以”。

增加阅读量、善于思索、经常动笔写（多读、多想、多写）是提高写作能力的捷径。量达到了自然会带来质的飞跃。千万不要以为写作只是一部分人的专项。

其实不仅仅是从小学到高中阶段，在我们漫长人生的历程中，很多时候都需要应用到写作这项技能。越是到了高年级，随着科目增多，叙述类试题在考试中的比重也会加大。小学成绩不会对小升初有影响也就不存在应试焦虑，权当是为了升入中学之后做准备，以这样的心态去练习和训练即可。

把孩子送到写作培训班并不能快速提高写作能力。写作是一门技术，写作培训班对于如何运用写作技巧倒是可以给出一些实用见解，但如果没有长期的阅读积累、书写练习和思考习惯，写作水平不见得能有提升。毕竟再厉害的老师也不能代替小学长达六年的写作积累。所以写作一定要从小学阶段就开始进行练习。

如果从小学阶段就早早开始进行写作练习，无论是家长还是孩子都会起步得很轻松，把寓教于乐融入到写作这件事情上。没压力、没功利才能让文章有趣味、有格局。当做一件事情没有压力时，就会每天都去做，而每天做又可以带动能力的提升，形成了一个良性循环。水滴石穿，由最初的一行变十行，一点点积累和打磨，才能让当初蹩脚生涩的文笔逐渐变得流畅优美起来。

三年级开始，来得及

在小学阶段应把阅读放在第一位，等到阅读量充分积累后再去练习写作。好比是先播种后发芽的原理，要充分阅读才能过渡到模仿句子的更高阶段，随着词汇量、阅读量增加，最后达到输出文字的创作阶段。

小学一年级的孩子也有已经开始写日记的，但相比于写，低年级更应注重阅读积累。如果强迫太小的孩子写日记，无论是大人还是孩子都会累。当一件事情让人疲劳时就会令人讨厌和抗拒了。孩子阅读尚感到吃力，直接写作文着实有点儿牵强。低年级恰好可以利用大把大把的时间好好积累阅读量。今天的日积月累，为的是到了高年级时词汇量和句子驾驭能力爆棚，为写作高峰做好必要准备。

三年级可以开始关注写作。一些理解能力强的孩子二年级便可以开始训练写作，但大多数孩子都会从三年级开始。学校也会从三年级开始强调写作课，开始培养和训练孩子的写作能力。

起步过早很容易导致捡了芝麻丢西瓜。我们在做抉择时，通常遵循的一个普遍的标准便是利大于弊。作为父母一定要了解当前的时期是否是最佳的。

突然让孩子写作文，没谁会欣然接受。有的因为不情愿赖唧唧不配合、有的终究拗不过大人悻悻地趴在地板上写、有的想偷个懒跟父母卖惨试图能放过自己一天、有的每写一行就嘟嘟囔囔……时间久了压力积累到一定程度时，会突然爆发，用大哭来发泄压力。无论是抱怨、不耐烦、哭鼻子，都请允许他表达自己的压抑和糟糕的心情，并去抱抱他。经过反复的磕磕绊绊后，总有一天孩子会一点点接受和习惯，哪怕只是每天写几个字。

这时家长朋友千万不要贪心，指望孩子能一步到位，写得有多生动有趣。要记住，当务之急是习惯的养成，坚持一年写作后未来几年都可以受益。

“孩子写的作文用不用批改？”有家长这样问。其实我一再地强调，如果小学生的作文用“写什么”“写多少”“写多好”来衡量，很容易弄巧成拙。这个年纪的孩子能坚持写，就可以认为是满分学生了。切不能为了让孩子练习书写和断句而写作文。也不建议家长帮孩子批改作文。

当然通过语法校对和句子校正提高学生写作能力的例子也有。

这类学生大多是接受能力强、对写作感兴趣，并且自身也有写好的意愿。但更多的孩子在看到红色圆珠笔批改的痕迹后就会心生恐惧。孩子们讨厌卷面上的叉叉钩钩。毕竟对孩子来说这些等于批评和否定。

正如所有的学习中内容大于形式，写作更应该重视内容。而比内容更重要的是写作的态度。家长可以用荧光笔在精彩语句或巧妙词汇上做上标记，提出表扬。表扬和认可可以提升孩子的写作热情和能力；挑剔和指点只会消减孩子的写作热情。

每日写作从作家随笔手册开始

小学生写作可以先以完成学校写作作业开始，这种开启模式会自然一些。等到一年级下学期时则可以让孩子开始写日记，再适当尝试着写读书笔记。等到了二年级，日记风格可以从图画为主转变为适当配上几行文字说明。读书笔记目录也增加一两行感悟。

等到了三年级，除了学校的写作课，家长也可以介入写作辅导。如果全部交由学校写作老师，一旦遇到更换老师导致写作风格大变对孩子的影响会很大。

有些老师带领下的孩子写作实力会有明显提高，而有些老师辅导下的孩子不但坚持不下去，反而会越来越排斥写作。因为不同年级、不同老师的教学重点各有差异，会直接影响到孩子。

我们在养育孩子的过程中也会发现不同的成长阶段孩子的关注点和擅长点也会有所不同。可能这一年写作能力突然有很大长进，然后某个阶段弹奏乐器会大有进步；有时候在数学与科学上表现出很大的兴致和学习热情，而某个阶段又突然迷上体育活动，一夏天下来体格健壮，皮肤也黑了不少。

写作和艺体能一样，多练一天少练一天看不出太大差异，需要的是长期不懈的坚持。无论哪个年级，哪个写作老师教，写作能力不会像跷跷板一样时好时坏。家长要引导孩子养成写作习惯，积累和提高写作能力。

三年级的孩子可以给他一本“作家随笔手册”。为了有仪式感，赠送一个精美的记事本也可以，但如果不能每天都写，可能会很浪费。所以直接给孩子平时用的新记事本就可以。毕竟重要的是在上面写的内容。

孩子可以在这本“作家随笔手册”上写日记、读书感想、诗歌、小说、信件……偶尔写软泥制作配方、菜谱也可以。日记题材不重要，能确保每天写就好。如果什么都记录下来，恐怕一天也不够用。

写的怎么样也不是重点，重点是“每日一篇”。这世上写作的人不多，能每天写的就更少了。这也侧面说明了写作不是一件轻松的事情。所以能把这件难事坚持下来，是不是很了不起呢？

如果孩子每天都在写，不管他写的是什么、写的怎样，将来都会很优秀。只有做到量的积累，才有可能写得越来越好，练就出色文笔；不去写，一切都是零。

如果学校要求提交日记本，孩子要是不反感的话，没必要单独再弄个给老师看的日记本。一个本子上老师检查部分和家长检查部分放一起就好。老师也能借此了解孩子平时在家所做的努力。这世上不会有哪个老师会因为孩子用功而去责备他。

书店有各种小学生写作文、写日记、做读书笔记的辅导书。参考和借鉴这些会让写作变得轻松许多。想拓展写作素材、尝试不同体裁、激发灵感时，可以参考这类写作辅导书。

我建议尽量选同龄孩子写的范文。因为在孩子的意识当中，大人写的文章肯定是完美无可挑剔。所以给他们看成人作家的作品，他们只会理所当然地接受，不会做任何思考，更别指望能从中获取值得参考和借鉴的信息。

同龄孩子写的优秀作文就不同了，孩子会很好奇年龄相仿的人是怎么写的，不仅会用心看范文，内心也会做个对比，取长补短。这也是语文老师平时会在课堂上拿同学的作文作为范文来读给大家的原因。可以在范文的刺激下鼓励孩子做仿写练习，当写作技巧和思路遇上灵感启发时，好文章就诞生了。至于是同学的还是陌生人的都无关紧要，因为孩子通常都对同龄人的东西感兴趣。

02

语文，阅读与写作

“语文难，难过上青天。”是不是危言耸听？

语文确实是学好所有科目的基础，但并不意味着语文不行其他科目就不行。之所以说“语文基础没打好的话，后期再怎么努力也不可能高考发挥好”，只是为了强调语文的重要性。所以要先去了解语文的特性之后再去接近它。特别是在小学阶段就应该明确语文学习的方向。

为能更好地说明，我们先看看历年高考语文真题。大家可能会觉得小学考试还要扯到高考出题分析，是不是有点儿兴师动众？其实这也不是很遥远的话题。十年一晃而过，孩子还是要面临这个问题。育儿十年会在忙碌和颠簸中飞快度过，大家肯定对此深有同感。仿佛昨天还在蹒跚学步的孩子，如今已经是能和妈妈有板有眼理论的大孩子了。

通过分析历年高考题，能大致了解应该怎样学习语文这门学科，也会懂得为什么说语文是学好所有学科的基础。

下载真题后家长可以自己先看看电子版或打印的纸质版，会发现有些句子里面出现不止一个陌生词汇。虽说小时候大家已经有过这样的经历，但是重新去看现在的卷子时还是会感到很头疼。搞不懂究竟是考阅读理解，还是考一个人的耐心。

大人尚且如此，更何况是作为当事人的考生。考题中出现的阅读题基本都是课本没有的题型。高考是决定大学入学的关键考试，一年仅一次机会，其紧张激烈程度可想而知。本来考场氛围就很紧张，拿到的卷子又都是陌生和晦涩难懂的文章，篇幅又比较长，而且语文科目一般都安排在考试第一天、第一科目。

尽管是过来人，而且当年成绩还算说得过去，但是每每想到孩子即将面临的高考还是忍不住紧皱眉头。我认为相比于陌生的例文、紧迫的时间，首先要攻克的是题干中的词汇。

各领域专业术语多为英语外来词。例文中一旦专业术语出现频率高，阅读起来耗时间，而且读完也未必能立刻准确答题，觉得理解费劲，正常篇幅的例文也会显得特别冗长。

虽然面对历年高考题会忧心忡忡，但也没必要过于焦虑。孩子当前才上小学，有足够的时间可以磨炼和成长。我们尚有足够的时间，可以慢慢来、稳稳地前进。当前需要考虑的问题是，要怎样做，才能确保在孩子上高中时遇到这些长文章也能顺利答题。

关键是区分最重要的和次要的。首要目标是练就读题的能力，在阅读例文过程中或读完后，能迅速理解文章讲的是什么，想要表达什么，才能有的放矢地答题。想要让孩子在接触陌生领域的题时也能淡定从容地去做题，就需要练就全面解读题干的能力。按不同题型推论出解题方案和答案是第二个目标。

解读陌生又专业的长句，单靠做题是很难练出来的。当前对小学生而言，先达到首要目标就可以。具体方法如下。

可能家长对于第二个目标也好奇，由于篇幅关系暂不做介绍。第二个目标等到达成首要目标再开始也不迟。基础不到位，技巧再好都会受限。所以关于解题要领的第二个目标，放到以后再说。也请家长朋友借此反思一下，是不是孩子还没具备最基本的阅读能力，却已经在强迫他掌握一些做题要领了？

语文教科书及教程

小学阶段的语文，六年基本是一样的课程设计思路。虽然涉及的领域不同，但是基本都是根据课文做解答题，主要考查对文章的理解程度。随后是按照课堂目标进行余下的课程内容。到了二年级，就能基本熟悉这种上课节奏，读文章做阅读题进行得有条不紊。孩子们远比我们想象的聪明许多。

而如今，语文科目提倡多阅读，还强调带着思考阅读，并结合各种读后活动。对于这种阅读理念我们非常赞成。小学阶段就应该形成这种阅读竞争氛围，开展各种多彩的阅读活动，帮孩子加深理解，积累阅读经验。

语文教科书按照各个主题，均衡涉及了听、说、读、写等领域。

语文单元测评和阅读

孩子得满分任何时候都是让人开心的事情。虽然在我家，我们会极力表现得淡定一些，但内心还是很乐意看到这一幕的。嘴角上扬，那份开心藏也藏不住。但我并不主张孩子为了语文得满分，投入太多时间和努力。想拿一百分，平时就要做各种习题，就像数学一样，但这个时间用来多读多写，从长远来看更为有利。

阅读理解力不是一两天就能提高的，也不可能有立竿见影的效果，需要日积月累。在我家，从来没有让两个儿子为了单元测评去大量做题，或复习教科书。单元测评不决定高考输赢，也不是将来报考志愿的关键因素。成绩好固然是好事，但是如果为了分数打乱每天的日常，得不偿失。

如果因为大环境压力，还是不放心让孩子自然成长，执意要让他在题海里学会游泳本领，那我建议把范围划定在教科书范围内，不必另外购买习题集。任课老师出的题型大多与课本上的文章类型相似，题目风格也大多是以课本为基础的变相出题。

如果孩子能解决课本上的题，就不至于在单元测评中考得差。就算单元测评成绩不那么完美，只要阅读和写作实力提高，整体成绩也自然会提高，所以阅读与写作始终是第一位的。

阅读理解练习册和阅读

经常有家长问："想让孩子开始自主学习，有哪些习题集推荐呢？"每当这时我都会回答："最好是利用学校正在学的课本，上面的内容最能体现概念和练习题的功能。"对小学生来说，自主学习最好的教材就是课本，习题集意义不大。其中，语文课本可以胜过市面上一般的阅读理解练习册。如果孩子在学校专心上语文课，就不需要另外买其他阅读理解练习册了。这个问题我都被问到耳朵生茧了，但每次我的答案都是一样的。

对语文课来说，多读、反复读，胜过多做题。这与数学课需要通过积累做题量提分刚好相反。如果孩子不觉得当前的语文课吃力，那说明进度跟得还可以。只是家长觉得靠这些还远远不够，才一厢情愿想地让孩子做一些复习题或阅读题。其实真的不推荐。

对语文来说，正如前面高考题中所分析的一样，阅读理解能力是核心。

语文有时候不仅仅考验阅读理解能力，还会考验孩子的综合思考能力。小学阶段多读、多想、多写可以锻炼逻辑思考能力，如果在这么重要的时期把时间都浪费在做题、批卷上，让孩子手忙脚乱，有点儿得不偿失。

还要注意一点，有时候孩子可能眼睛是在盯着书看，但是究竟有没有理解书中内容就无从了解了。问又问不出爽快的答案，弄得家长着急上火。一些按捺不住的家长又急着找来一些阅读题让孩子做，然后去对答案。其实一阵忙活无非是家长自己寻求一份安心，孩子只是跟着大人像陀螺一样转了一圈而已。这种做法不仅效率低也不明智。

我认为阅读理解练习册很容易误导孩子。里面的题通常都是从某个故事、某篇小说、某个童话中节选的一部分。可能很多人觉得就算对书的内容没有整体了解，只要能正确理解节选内容就可以做题，而且只要做对了就认为是阅读理解能力出色。孩子如果平时习惯于用短篇幅节选的文章做阅读理解训练，一旦节选篇幅变长，就会感到力不从心。

通读经历很重要。篇幅再短、情节再简单的书，从开头人物出场到故事结尾，把整个故事读完并在此基础上获得的经验才是真材实料。通过一次又一次通读经历练就的阅读理解能力，即便是遇到节选文章也可以轻松搞定。就像考了手动挡汽车驾照就可以驾驭手动挡、自动挡汽车一样，但是考了自动挡汽车驾照就只能开自动挡汽车。既然学，就学得全面系统一些。

做阅读理解题有时也有好处。比如孩子自己要求去做阅读理解题（如果有这样的孩子的话），或者每天保障足够的阅读时间和做完功课还有足够的闲暇时间（如果有这样的孩子的话），或是已经高年级了连一本书都没能完整读下来就急着去做章节训练（这种孩子肯定有）……这些情况下可以选择适合孩子水平的阅读理解练习册，每天做一两页。如果孩子做阅读题时费半天劲却只能完成一页内容，或者每次出错率很高，就要考虑降低一下难度再让孩子做题。一想到要给孩子买比当前年级低级别的习题集，多少会让人上火。但是凡事要适合自己的才是好的，如果硬着头皮去做难题反而会让孩子有挫败感。（我家老二目前上五年级，但也在做二三年级的阅读题，有时候甚至一年级的也拿来做。）

书写和断句

小学生对于书写都感到吃力。要么不熟练，要么一塌糊涂，总之是二者之一。但是偶尔也有书写比较靠谱的孩子。这些孩子都有个共同点，就是平时喜欢阅读和写作。在多读多写中自然就提高了书写准确率。

如果孩子平时阅读和写作都还算多，但依然频繁出现书写错误，家长也不必过于着急，这些问题会随着时间的推移自然得到矫正。家长不妨再耐心等待一下。虽说等待不一定都能等来完美，但是也没必要连等待的机会都不给，就急着干预和矫正。

平时请关注一下孩子的日记本或作文本。乍一看会觉得上面错字太多，但是一个个检查就会发现其实并没有那么多，有些问题属于同样的错误反复出现。看到频频出现的书写错误，可能又按捺不住想拿红笔帮忙改正的冲动，但是一定要忍住。

把出错率高的字单独挑选出来，用大字体工整书写后贴到醒目处。冰箱、鞋柜、玄关门、窗户、桌子、书柜……等到将来某个瞬间需要用到这个字时，孩子会按照平时看惯了的正确书写格式准确运用到做题当中。

在小学六年期间大部分孩子都能在反复出错、纠正的过程中自然学会正确的书写方法，但是也有一些孩子到了六年级依然对书写没头绪。每个孩子都有擅长或薄弱的科目与领域。既然天赋都差不多，大家都平等，那么没必要因为书写不好就对孩子大失所望。

如果是即将参加小升初考试，那么家长可以适当介入，前提是不让孩子反感。这个阶段的孩子测评和考试很频繁，如果内容写得完美却因为书写丢分，实在太冤了。家长可以跟孩子说明书写的重要性，通过抄课本，或者利用书写辅导材料等方式，有计划地纠正过来。

灵活利用汉语词典

想要增加词汇量，汉语词典是最基本的推荐。小学三年级熟悉词典的使用方法，四到六年级开始利用汉语词典做各种练习。这个阶段可以在家备一本汉语词典，让孩子经常翻阅，做到开卷有益。

可以将汉语词典放到孩子经常看书的客厅或者书桌上，方便查阅。

孩子学会如何使用词典后，就可以和家长做一些亲子互动游戏，比如看谁找词找得快、找同义词、用词造句等。开始只是简单地想查一个词，当翻到该词条时就会顺势了解它的同义词、反义词、例句。可谓“顺藤摸瓜”。

也可以利用教材查看孩子当前词汇量的掌握程度。很多时候家长觉得孩子在这个年纪理所当然掌握这些词汇，但通过让孩子翻看教材会发现孩子并没有掌握这些。四年级之前，可以把重点放在多阅读、多对话上面，让孩子多接触这样的语言环境。五年级开始每天利用 10 分钟时间，检查小学生必背词汇学习情况，查遗补漏。

03

数学，解题方式不止一种

数学永远是个沉重的话题。前来咨询的家长说得最多的也是关于数学学习的种种烦恼。毕竟很少有孩子对数学感兴趣，又能成绩很好。

如果你因为孩子的数学感到头疼时，不妨从容看待这个问题："数学原本就是枯燥的学科，孩子不喜欢也很正常。"一旦这样想，就会淡定许多，也就不会焦虑地催促孩子。如果发脾气、催促就能让孩子学好数学，那这世上就没有数学不及格的孩子了。我们共同面对的问题应该是如何不发火不催促，也能让孩子自己主动把数学学好。

我是文科出身，但数学成绩也不错。在与数学的较量中，我领悟到一个道理：一道题尽管很棘手，需要很长时间来摸索，但是终究能找出它的解决方法，而且在不停设想、不停否定、再去设想的过程会让我体验到接近答案的快乐感。所以面对头疼的数学题，不再是逃避和放弃，而是跃跃欲试，为寻找答案尝试各种方法。这种钻研的韧劲儿也逐渐体现在其他科目的学习上，成了我漫长备考生涯的坚实后盾。以前稍微有点儿难或者看着费时就轻易放弃的性格，也逐渐变成了钻研到底的习惯。

这是数学的好处，也是自己必须面对的原因。一道题稍微觉得难就想着去问家教老师、问补习班老师，很难养成自己深入探索和独立寻找方法的习惯。如果是自己思考和尝试了很久后去向外界求助，没有问题，但如果这个顺序颠倒了，那就永远养不成勤思考、独立解决问题的数学脑了。所以我经常强调孩子们要靠自己去摸索做数学题。

所以小学阶段的数学目标不是考试得满分（别的科目同理）。当孩子在数学领域练就了面对一道题可以耐心思考、认真钻研的习惯时，即便当前考不了满分也没关系（如果是满分会更完美）。数学这门学科，一旦对基本概念、术语、性质、公式掌握熟练，可以用少投入换来大回报，是一门非常有魅力的学科。所以钻研一道题，把这道题吃透，远比做很多题重要。而小学数学课本是说明术语的基本概念、性质、公式的最好教材。

数学教材与数学课程

小学数学教材除了收录数学概念和原理的课本，每学期还会配相关例题讲解的巩固书。数学课本每单元都会简单总结概括术语的概念、性质、公式等，其介绍通俗易懂。随着每个章节的细分化内容增多，概念和性质相应增多，再通过练习加深对概念的理解。课本设计就是为了帮助学生理解和巩固这些基础知识。

数学学习最佳时间

数学学习之所以难度大，是因为很难在短期内突击复习提高成绩。有些科目可以通过背术语、种类、特点等知识点，考前临时磨枪考出好成绩。

但数学不同，从小学到高中的数学可以说是阶梯式和螺旋式环环相扣，其中任何一个链条断掉都会在下个阶段学习中感到吃力和难以适应。所以，学生务必在每个年级把相应概念和内容消化好才行，否则先行学习毫无意义。

学好每个科目的第一个秘诀是“认真”，尤其是数学。必须在规定时间内按照所制订的计划埋头苦学。除此之外，没有别的捷径可走。

认真做题的习惯初步养成之后，随着年级升高，做题时间也应相应增加。就像朋友相处时间越久感情越深一样，学习数学也要多投入时间去一点一点磨，才能逐渐消除抗拒心理，一点点接受，继而习惯和喜欢上数学。

下面的表格是小学阶段的学生独立思考投入数学的推荐时间。数据并非绝对标准，只是按照平均发育水平给出的最低参考时间。这个时间特指孩子独立思考和解决问题，不包括平时在补习班、课外班、做课外题、上网课的时间。

数学独立学习最佳时间及题量

年级 / 时间	1—2 年级	3—4 年级	5—6 年级
学习时间	15—20 分钟	30—40 分钟	1 小时以上
复习分量	1 页	2 页	4 页
复习教材	基础	基础、强化（选择）	基础、强化、先行（选择）
运算分量	1 页	1 页	1 页

数学自主学习法

下面讲一下关于孩子数学自主学习的方法。家长可以参考一下，引导孩子多做尝试，最终选择适合孩子的方法。

将解题过程整理到笔记本上

运算贯穿数学的所有领域，所以孩子的习题集、试卷上随处都能看到潦草的解题步骤书写痕迹。这种“见缝插针”的习惯应该改掉。指定一个数学草算本，就像平时做题一样，按上下或左右书写顺序写解题过程。

将解题过程工整地书写到草算本上，逻辑思考过程一目了然，不仅在头脑中浮现一个思路，还能用眼睛一一确认步骤，对这个年纪的孩子来说很直观地就能想到解题方法，而且写完还能查看是否正确，大大缩短了特意验算的时间，很容易直观地找出错误步骤并及时改正。

这个习惯一旦养成后，就不需要单独练习叙述类题型了。开始时尽管烦琐，但只要坚持下来就会发现很高效简便，同时也养成了良好的学习习惯。

已知条件要边做标记边审题

题干和提问中都是关键线索，不可能有多余的内容，再简单的题干都会陈述到必要条件，尤其在数学科目找到已知条件非常关键。善于从题干中找出已知条件并做好标记，这种边读边做标记的习惯决定了孩子的成绩。

读题过程中要养成高效的审题习惯，给已知条件画圈做标记，给关键词画底线。平时匆匆看一眼题急着动笔答题的孩子，明明是会做的题也常常因为大意导致失误。建议用这个方法及时纠正。

做了标记依然因为不够仔细做错题，那就让孩子慢慢养成发出声音读题的习惯。当然，考试时是不允许的，所以仅作为过渡就可以。

一题多解

数学学科的诸多魅力中，其中一个就是它的解答方式不止一个。第一次接触加减法的小孩子，计算 2+3 时喜欢掰着手指头计算。其实可以从身边的果盘里先取出 2 个橘子，再拿出 3 个放到一起，亲眼见证 2+3 变 5 的过程。过一段时间后，这种具体方法便会在大脑里投影出抽象的 2+3 等于 5 来。从具体事物转换成抽象概念，这个过程可以有很多种方法。随着年级升高，题型复杂，寻求正确答案的方法也更为多样化。

想要做到一题多解，首先要正确掌握术语、概念、原理，再通过做题加深理解，试着从不同的思考角度和用不同的方法去解题。

一题多解示例 1

“分数加减法”（数与运算领域）有这样一道题“求 $2\frac{1}{4}+3\frac{2}{4}$”。这道题可以用两种方法解答。想要做这道题，首先要想到带分数 $2\frac{1}{4}$ 可以分为自然数 2 和分数 $\frac{1}{4}$。

题	计算 $2\frac{1}{4}+3\frac{2}{4}$
方法 1	• 自然数相加，真分数相加，二者相加 $(2+3)+(\frac{1}{4}+\frac{2}{4})=5+\frac{3}{4}=5\frac{3}{4}$
方法 2	• 带分数转化为假分数，进行加法计算 $\frac{9}{4}+\frac{14}{4}=\frac{23}{4}=5\frac{3}{4}$

一题多解示例 2

“比例式与比例分配”（测量与概率领域）中涉及的比例分配问题，可按照以下三种方式解题。

题	• 共收获 80 个土豆。东河和阿天按照 4 ∶ 4 比例分配时，阿天能拿到多少个土豆？
方法 1	• 东河和阿天的分配比相加，用全部土豆除以这个份值，再乘以阿天的份数 4 4+4=8，80 ÷ 8=10，10 × 4=40 个
方法 2	• 约分为最小比值，再套用计算 4 ∶ 4=1 ∶ 1 → 各 40 个
方法 3	• 分别乘以相同数，使之加起来刚好与土豆数量相等 4（× 10）∶ 4（× 10）=40 ∶ 40

数学课本会提示不同的解题方式，然后引导学生做相应的练习。为什么不直接介绍一个最快最高效的解题方法，非要这么麻烦？如果一切都来得那么轻便舒适，那么当我们陷入困境不得不沿用最原始的方法解决问题时，就会变得束手无策。而教材可以通过各种方式让孩子接触数学原理，锻炼学生的发散性思维。

做完习题对答案时一定要查看一下标准答案的解题过程。通过对照不仅学会了逻辑缜密、步骤清晰、有效合理的答题方法，还学到了不一样的思考模式，这对于做叙述类应用题十分有益。

当孩子遇到不会的难题时，我们不妨给他一两天的考虑时间。有时候一道题绞尽脑汁找不出头绪，但过一两天重新去看时可能猛地会有新的灵感和头绪。追求题量没什么不好，但是遇到一个难题时像钉子一样钻研和摸索，直面问题、积极解决，这个过程意义更大。

如果孩子在冥思苦想之余向大人求助，大人也可以视情况给孩子一些提示，如果给过提示之后孩子还是没头绪，可以找难度略低的类似题让孩子做一做。

找出相关概念的联系

数学这门学科，每个年级之间的知识关联很紧密，这学期昙花一现般出现过一次的概念，可能在下个学期涉及得更加深入具体。把每个年级出现的概念、性质之间的关系进行分类整理，学生理解起来会更系统、更清晰，也可以为将来上中学打好数学基础。

出题

最有效的方法就是当“小老师”，给别人讲题。我小时候并不喜欢数学，但自从教数学之后不得不开始琢磨和研究这门学科，想尽量用更多的方式进行更有效的讲解，后来也慢慢领悟到数学的奥妙和魅力。

让孩子给同学或弟弟妹妹讲题是非常有效的自我提升方法。如果可以，孩子还可以自己设计和出题然后解答。这种方式的好处是，孩子可以站在出题者的立场，去了解该单元的知识点，对知识有更深刻的理解和全面的掌握。

数学概念笔记

想要学好数学，首先要理解课本术语的定义、性质、公式。弄清“是什么”，才能知道“如何解决”。如果孩子对学数学感到吃力，很可能是因为没有理解透书中的术语概念和公式。

数学术语是固定的，不像人名不喜欢就可以说改就改。

语文、英语领域，可以用意思相近的其他词来代替，即便是意思不那么严谨，但只要能传达大致的意思就可以。但是数学不一样，需要掌握准确的定义，并有一个理解的过程。理解概念，才能应用和反套用这个概念。

所以整理概念是重点。虽然课本上已对概念做好了整理，但单独在笔记本上整理，有利于理解、背诵。毕竟课本上的内容分散在不同的章节，不妨把这些分散的概念单独整理到一个本子上，便于翻阅。

孩子可以当作是在制作自己的概念教科书。既然是自己的个性化概念教科书，那么没必要逐字逐句抄写，在理解的前提下用自己的语言整理就好。顺便连同其他章节的知识点也一起整理的话，在解决不同概念、原理掺杂在一起的综合性题型时，会很受益。

概念笔记整理方法

这个方法没什么难度，找出数学课本上的术语、定义、性质、方法相关的图片文字，画上标记就可以。在这个查找的过程中，孩子可以简单复习一下所学内容，从中找出重点。现在的教科书设计越来越人性化，所以重要知识点都会写在统一格式的文本框里，或者直接用醒目的颜色标出来。只要操作两三遍，很容易上手，慢慢地就可以准确快速地找出核心概念。这时即便当初没有用荧光笔标注，也能直接筛选和整理出来。

一些重要的概念定义，不建议孩子照抄，在理解了概念之后按照自己的方式整理就好。开始时，孩子可能会像语文一样照抄长句，或者写成了数学日记，洋洋洒洒一大段。但是逐渐会找到自己的方式，也会越来越简约熟练。

开始阶段看课本照抄整理也问题不大。熟练之后就可以简洁明了写重点，摸索出自己的整理方法。并不是为了技巧，而是需要一个摸索过程，以便寻求更为有效的方法。我们一起看下面的示例。

数学概念笔记整理示例 1

相关单元	圆
领域	数和运算 / 图形 / 测量与概率 / 统计 / 找规律
术语	圆
定义	在一个平面，从一点到相同距离的所有点形成的曲线
性质	• 不是直线，是曲线 • 不是立体，是平面图形 • 一点（圆的中心点）到线的距离相等 • 圆的直径将圆一分为二 • 在圆内，直径是最长的线段 • 一个圆有无数个直径（半径的 2 倍）和半径 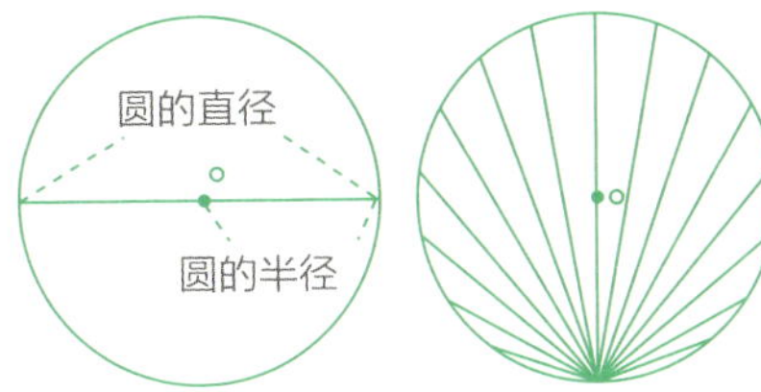

前面的示例中按照术语、定义、性质进行分类整理，如果是第一次尝试，可以直接罗列。只要不是照抄课本，形式不重要，遵循一个原则就可以：用自己的语言和形式进行概括整理即可。

数学极强的系统性同样体现在概念整理中。“平面图形”“四边形”“直六面体”一贯相连。如果在概念整理本上另辟出“图形”板块，那么对今后的学习可以起到事半功倍的效果。在整理概念时，类似图形、测量、概率、统计等视觉化领域应结合例图，便于将来翻阅时一目了然。

像“平面图形”，该知识点可以整理如下。开始时从最简单的结构框架开始，随后每年学到相应知识点时都可以再做相应补充和完善。

数学概念笔记整理示例 2

相关单元	平面图形、四边形
领域	数和运算 / 图形 / 测量与概率 / 统计 / 找规律
术语	四边形
定义	四个边、四个角组成的图形
性质	• 四边、四角组成 • 两组对等边平行（梯形的一对对边平行） • 四边相等（正方形、菱形） • 对角相等（正方形、菱形） • 相邻两角之和是 180°
种类	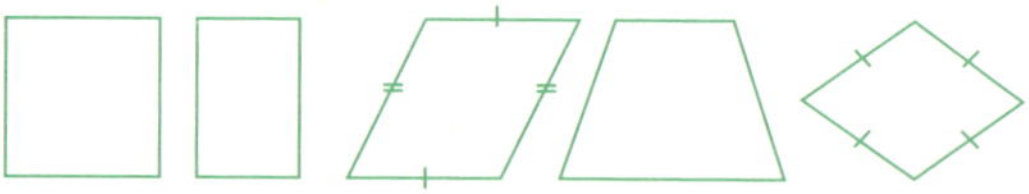 正方形 长方形 平行四边形 梯形 菱形

下面是“比与比例”知识点整理示例。由于是第一次接触这类概念，孩子们很容易混淆。

数学概念笔记整理示例 3

相关单元	比与比例
领域	数与运算 / 图形 / 测量与概率 / 统计 / 找规律
术语	比，比例
定义	• 比：两个数相除进行比较，用符号：来表示 • 比例：两个以上数进行比较时，以其中一个数作为基准，两者进行比较后得出的值 例题：家里养 1 只狗，2 只猫。狗与猫的比例是？ 狗：猫 =1 ：2
性质	• 比的前项为比较值，后项为基准值 • 比的四种读法 例：2 ：1 → 2 比 1，2 与 1 之比，2 于 1 之比，1 之于 2 的比 • 比的前一项与后一项乘以不是 0 的相同数，其比例不变 • 比值可用分数、小数形式表示 比较量：基准量 $=\frac{\text{比较量}}{\text{基准量}}$

灵活应用概念整理笔记

概念不是整理好就可以了，要把整理好的概念笔记有效地利用起来。

整理好了概念，就在每个性质对应处贴上“为什么”的标签。家长可以提出“为什么”，有意识地引导孩子进行思考，逐渐让孩子养成自主提问、自主回答的习惯。

比如，孩子整理出“分子分母相同时分值为 1”的性质时，家长可以问：“为什么分子、分母相同，分值就是 1 呢？”有的孩子可能回答：“分子与分母刚好可以约分，所以得 1。”“因为是分子除以分母，所以等于 1。”不同的孩子可能会从不同的角度来给出答案。

也有些孩子比较反感“为什么”这种提问方式。这时家长可以换种方式问：“你可以举例说明一下吗？”通过这些提问，家长就很容易判断出孩子是真的理解了这些概念，还是仅仅将概念在笔记本上漂亮地书写了一遍而已。

回答得不够精准、不够完美，这些都很正常。如果孩子能回答出个大概，说明对概念有了一定的理解，那么家长就可以肯定和表扬他；如果孩子对概念理解有错误，那么家长可以帮孩子讲解并改正过来。

利用概念笔记的最佳时期

当我把根据课本内容整理的概念笔记样式拿给家长看时，几乎所有家长都会质疑，觉得这样的条理和整理样式，孩子是绝对不可能自行整理完成的。的确，孩子确实不可能整理成这个程度，第一次听概念笔记整理说明时他们听得云里雾里，歪着头，疑惑地转动着黑眼珠。毕竟对于他们这个年纪的认知接受能力而言太难了。不仅要整理许多概念，还要费力写那么多笔记，超出了他们的承受范围。

建议从小学三年级开始训练概念整理。当孩子在学校学习新的数学概念时，让孩子整理一下相关知识点，趁热打铁、事半功倍。

刚开始整理的时候肯定没什么头绪，需要大人的帮助。所以如果遇到孩子整理得比较完整或配图到位时，请不要吝惜你的鼓励和赞美。

这个过程肯定会需要一段时间。虽然入门难，不过一旦熟练了就可以在大脑中迅速整理知识点，立刻转化成文字或图示。到时候就会发现，用 5 分钟整理的笔记，远比之前花费半小时整理的高质。

数学习题集的应用

数学课的教学目的在于为学生充分讲解数学概念，让学生应用这些概念来做具体的数学题。为了确保每个学生都能正确理解和应用相应知识点，最好的方法是一个一个去检查。但这样做难度太大，事实上也不可能。习题集是个不错的帮手。

在选数学习题集前，建议先简单测试一下孩子的数学实力，以便帮孩子挑选难易度适合的习题集。

孩子的数学实力可以用单元测评成绩和数学巩固练习册分数来评定。两者测评成绩如果都低于 70 分，那么购买市面上的习题集来做题没太大效果。特别是数学巩固练习册上面的题，可以说是基础之基础，成绩达不到 70 分说明数学概念没有理解到位。当务之急是把课本中的概念深入理解，再让孩子去做数学巩固习题册上面的题。

数学习题集怎么选?

数学类教辅大多分为基础、强化、应用题、验算题、思维等。一学期的教学内容就能衍生出这么多的习题集来。家长在为孩子选择数学习题集时，不禁会犯难，究竟怎样的才适合孩子？有的家长寻求身边家长、老师的意见，有的则自己查找和选择。我就分享一下我自己的一些经验吧。

复习类习题集推荐 1 本基础习题集和 1 本强化习题集，前提是根据孩子的能力来选择适合的。每个出版社的习题集都是按照基础类、分类练习、应用题、学霸题出一套系列习题集。如果选同一个出版社的系列习题集，确实会省心很多，但也可以根据孩子的情况灵活选择。尝试各种习题集后，到了三四年级自然就练就了一双挑选习题集的慧眼。

选择习题集时，题量是考查重点。如果课堂上老师已经讲过的内容，在购买的习题集上又大篇幅出现，很容易让孩子反感。再加上家长只顾着强调做题量，一开始就为孩子选择厚厚的习题集，很容易让孩子因噎废食，对数学失去兴趣，而且规定的题量做不完会增加孩子的挫败感。所以如果家长真的想要通过一本习题集让孩子收获什么，那么就越薄越好。至于那些大题量的习题集，等到孩子养成一定的学习习惯并有意愿去做时再考虑。

另一个需要注意的是习题集的难度。由简入繁，一步一步做题，可以提高孩子的成就感。这种成就感会转化为自信心，变为动力，帮助孩子继续学好功课。如果习题集的难度大于孩子的理解承受能力，不但不能帮助孩子巩固和理解概念，反而会消减他们的学习热情。

基础版习题集

如果孩子已经对概念非常熟悉了，那么做单元测试题和数学巩固练习册基本不会出错。偶尔出现一两个也可能是由于马虎大意。如果反复出错，那就说明还没有掌握牢固。如果孩子已经基本适应了简单题型，可以鼓励孩子挑战下一个难度的题型。

经常有家长要求推荐一些数学基础版习题集，对于这些要求我基本都是不推荐的。因为市面上的基础版习题集，无论是内容、构成还是难度都相差不大。

去书店时可以带上孩子，让孩子自己挑选一下，毕竟题要他自己来做。或去实体书店挑选几本看着差不多的拿到孩子面前让他自己选。专业权威的习题集千万种，唯有适合自己孩子的才是硬道理，孩子自己看了后觉得可以接受、可以挑战，这才是最重要的。

强化版习题集

强化版习题集进度与基础版习题集是同步的，只是难度更大一些。基础版习题集的目的在于确认学生对基础概念的掌握情况，强化版习题集在此基础上加大了难度。虽然强化版有它的好处，但不表示适合所有孩子。如果您正在考虑是否要给孩子安排强化版习题集，可以参考以下几点建议。

如果是一二年级的孩子，仅做基础版习题集就足够了。如果还有时间，可以用来扩大阅读量。

到了三年级，如果基础版习题集的准确率持续保持在 80% 以上，且孩子自己有意愿尝试更难级别的题型，同时能够基本安排好自己的学习时间，也有了良好的学习习惯，那么强化版习题集可以是很好的跳板。

相反，如果无法顺利完成课本和基础版习题集（准确率低于 80%），说明目前不具备条件去做强化版习题集。如果孩子坚持做强化版，精神是可嘉的，但是因此换来挫败感的可能性会很高。如果抱着“因为大家都在做，咱也不能落下了”的心态盲目让孩子开始做强化版习题集，可能会捡了芝麻丢了西瓜。

强化版习题集可以让孩子自己选择。如果之前只接触过基础版习题集，那么第一次接触强化版时，会感到有些吃力。如果家长不能正视这些，只知道督促和施加压力：“就这种难度的题，其他孩子早就在做了。”“这有什么难的？”这样只会消减孩子的挑战欲望。

如果孩子是第一次接触强化版习题集，家长的关注点应该在于做题的质量，而不是数量。其实一天只做一道题也没什么问题。但是如果给了孩子足够的思考时间，但准确率一直上不去，就要考虑一下是否要调节一下难度了。

运算题练习册

无论数学好不好，运算题练习册对于小学生来说都是必需的。每天投入 5 分钟，或做一页运算题就可以，贵在坚持。和基础版习题集一样，运算题练习册建议不要选太厚的，这样做起来没压力，也容易有成就感。

第一年由家长辅导着做，孩子熟练流程后就可以全程独立完成批卷、找错、错题重做。所以自主学习可以从运算题着手。能够独立完成运算及一系列操作的孩子，也可以逐一尝试和征服其他领域，并做到逐渐熟练和适应。

选运算题练习册有两个标准。

首先，选与年级对应的练习册。孩子如果正值四年级上学期，那么就选对应的四年级上学期的运算题练习册。按照每天 2 页的速度，一学期内能做完即可。

其次，选择稍微费心思，但针对性强，能够有效改善知识软肋的练习册。在运算领域，选择相对薄弱的知识点集中练习，做到有的放矢，需要家长跟进工作细致到位。做到“对症下药”时，其结果必然会令人满意。除了基础的加减乘除四个领域，还有九九乘法表、分数、图形等习题册，有利于做针对性练习。

思考类数学习题集

思考类数学习题集涉及的内容和题型多样、专业，与课本和基础版习题集相辅相成，对喜欢数学的孩子来说是非常不错的教辅。

我们通常认为思考类数学习题难度大，其实这也不是绝对的。遵循循序渐进的原理，慢慢熟悉和练习的话就会变得轻车熟路，不那么难挑战了。每个题型都有解题思维指导，也介绍了解题方式和思路，并附上步骤示例，所以做完一两本思考类数学习题集，也就很容易上手了。通常这类题量也不多，所以很适合用来培养孩子认真审题、分阶段逐一写步骤的做题习惯。

由于一道思考类数学题运用到的概念比较多，所以要有一定的阅读理解能力。通常喜欢数学拼图书的孩子会喜欢这种思考类数学题型。有些孩子解题的全程都很快乐，而且享受这种挑战，但有些孩子厌烦做题。所以如果不是为了备战数学竞赛，没必要强迫孩子做这类题型。感兴趣的孩子可以多去关注一下。

数学概念词典

数学概念词典虽然不是习题集，但是可以带动孩子的好奇心，提高孩子在数学领域的自信心。数学概念词典不仅介绍了数学术语，还对小学阶段课本中出现的概念进行了系统分类、年级归纳，有利于随手翻阅和答疑解惑。

我在教室和家里分别备着数学概念词典和科学概念词典等工具书，平时让孩子们像翻看报纸杂志一样随时翻阅，就当是使用汉语词典一样。

汉语词典的功能是供人随时查找陌生单词，数学概念词典则可以当作科普书来翻看和了解，也可以用来确认已知数学概念的专业解释。家长可以用它来了解孩子当前对数学概念的掌握程度，查看在进入初中之前，对小学数学概念掌握了几成。

数学先行学习

小学家长对先行学习的关注度越来越高，莫名的不安心理也越来越重。在开始尝试先行学习之前，有必要了解一下它的概念。

先行学习不同于预习。

利用假期提前做下学期的概念习题集，开学后做应用题、加强题，这些都属于预习范畴。提前做基础版习题集，提前掌握主要概念，等到正式上课时就会增加自信心。前提是孩子对这样的安排没有抱怨，能够很好地实行下来。

而先行学习至少比正常进度提前一两个年级。这个速度已经是超级提前了，但是目前有一些行情是，提前两年还嫌太慢。一般小学四五年级就大多已经开始学习中学课程了。

到底是跟着学校的进度走，还是先行教育……每个小学家长都会纠结这个问题。无论是当前学校的进度还是课外班的先行教育，不可能适用于所有学生，接受知识本来就有个体差异。一提到“先行”，很多人以为是为了将来高考从小学开始提前学习中学阶段的数学，其实也没那么绝对，而且也不全是负面影响。如果孩子对小学阶段的内容已经了解透彻，愿意去学习更高年级的数学内容，那么家长可以接受这个事实，根据孩子的接受程度去学更高级别的内容，本着实事求是的态度来看待和选择。只要孩子完全能跟上进度，先行学习是不错的选择。

有些数学脑特别灵活的孩子非常乐意挑战下一阶段的课程，而且对于这种快进的方式感到很有成就感，看似有些高强度的进度也能完全消化掉。但是其中也不乏吃力跟跑的孩子，这就是先行学习最为典型的副作用。

所以在决定是否先行学习的时候，必须明确标准和目标。我认为正确的选择标准是“孩子自己对先行学习有明确的意愿，且当前课程准确率确保在 90% 以上”。

有些孩子对数学不是很感兴趣，数学成绩也说不上好，更没有想要挑战的意愿，家长却为了跟上进度把这类孩子送进补习班先行学习。这种心情是可以理解的，但报了名并不等于孩子就能跟上进度。进度确实是往前赶了，但是对已学概念没什么印象，也不知道具体做题方法，这样茫然的孩子实在太多了。强扭的瓜不甜，为了进度而不顾当前水平盲目投入时间、精力、金钱，伤了孩子也伤了家长。

就算是家长深思熟虑后能确定孩子适合先行教学，新的担忧又不请自来，那就是当前是尝到了领先一步的甜头，但是孩子在接触中学课程后，会因为小学课堂无聊而溜号，听课散漫影响课堂秩序。所以，孩子的性格也是是否进行先行教育的决定因素之一。

那些开始先行教育的孩子在学校课堂的听课态度各有千秋。有些孩子在听课过程中如果恰好听到自己熟悉的内容，会两眼放光，积极去做题、回答老师的问题，而有些孩子因为自己在补习班已经学过这些内容，所以听得吊儿郎当，溜号走神。

孩子的学习态度左右着学习的成败。对于那些积极的孩子来说，先行学习无异于锦上添花，而对于另一些孩子来说，先行学习反而害了他们，使其连正常听课的意愿都丢掉了。家长应该和班主任老师打听一下孩子平时的听课态度。如果偏向于第二种，不如停止先行学习，让孩子听好当前的课，养成认真听课的好习惯。

04

英语，通过自学提高各领域级别

为了赢在起跑线上，孩子们被迫去上各种衔接班，其中最具代表性的要数英语。如果说让孩子上各种衔接班是为了消除家长的不安心理，那么这种不安是否因为给孩子报名而减轻了一些呢？能做出肯定回答的，恐怕没几个人。

在大多数情况下，学校和补习班的英语进度是各赶各的，而且很多家长的关注点并不在于学校课堂进度，而是补习班的英语级别。学好英语的好处不必多说，早教、补习班、先行教育机构……早已是看不见硝烟的竞争和考级战场。

在倡导自主学习的过程中，英语成了一个难题。自主学习意味着补习班和家长要尽可能少地干预，在这种情况下能确保英语成绩，是个很大的挑战。我想实事求是地、诚恳地和大家探讨一下英语。

目标其实很明确，让孩子自己掌握英语自主学习的主导权。作为父母不是百忙之中挤时间陪伴孩子全程走，而是在引导后懂得放手，向孩子酷酷地挥手。之所以这样做，并不是因为资金问题，也不是真的挤不出时间。而是钱和时间不能孤注一掷到英语一个科目上。单是一门英语学得流利熟练，只会造成偏科。

地道的发音和流畅的会话能力固然好，但是如果我们对一岁的小宝宝进行英语歌磨耳熏陶仅仅是为了将来考个英语高分，那还是应该先去考虑一个现实问题，就是究竟要怎么学？孩子在每个科目上可分配的时间有限，也无法只偏爱英语一门学科。如果学英语就是为了在补习班提高英语等级，这不能说是一个明智之选。

投入最少的时间带来最大的效果，想实现这一点就要平衡语文、数学、英语这几个科目。以学校英语进度为前提，合理利用学习软件，让孩子自己来掌握英语学习，这才是我们要摸索的课题。

英语自主学习法

在非英语国家，听（Listening）、说（Speaking）、读（Reading）、

写（Writing）四个领域均衡发展是不可能的。虽然这样说很残忍，但这就是现实。而且事实上在英语国家也不是说就能把听、说、读、写都能学好。先选择一个重点攻克，目标降低了，不安指数就自然降低了，这样一来，就可以期待能在那个知识板块考出好成绩。英语四个领域的重要程度如下。

听 > 读 > 说 > 写

英语考试考高分、在职场上轻松驾驭英语业务、去国外旅行或出差时说一口流利的英语……每当这时我们会因学好英语而有莫大的成就感。之所以听力和阅读比口语和写作更重要，是因为前两项直接与成绩、考级、就业相关，而且在海外留学、旅游、商务交流中都需要用实用英语发挥关键作用。

如果了解了正确开启英语学习的方式，那么孩子以后的英语学习会一帆风顺。现实中有不少成年人靠自学成为英语达人。所以在学生时代，英语也可以靠自学来学习。只要学习目标和方向十分明确，且借助各种教材和课堂资源，那么靠自学精通英语不是问题。下面分别介绍一下英语学习中的听、说、读、写，家长可以结合孩子的情况合理借鉴和参考。

听

首先是听力环节。路上你可能偶遇一个外国人向你问路或者很想知道英语片中的男女主角在说什么。但是想要听懂，首先要让自己经常处在英语环境当中。唯有听懂，才能给出准确的回应。

所以学英语，首先要会听。

听懂，理解了，才能读、说、写。很多学校从一年级开始正式开设英语课，一定要抓好这个时机，平时在家里也经常让孩子听听英语音频，尽可能营造英语氛围。

家长应引导孩子多观看英语视频，提高听力水平。从幼儿期开始就可以有意识地让孩子观看英语视频。

可以找一些孩子喜欢的角色出演的无字幕英语动漫给孩子观赏。如果不知道该怎么选，不妨让孩子自己选，毕竟孩子喜欢看才有可能获得预期效果。

可以充分利用网络上的免费英语视频。如果担心孩子小小年纪手机中毒，或者被其他视频吸引，可以利用收费网站，远离广告和垃圾内容。

读

理解试题、解读英语读物、接收英文邮件、看懂英语菜单……无论是学习还是实用，都以阅读技能为前提。

首先要看懂英语文章的意思。我们通常把这种状态称作英语解读。阅读是英语学习的基础也是必须攻克的技能。所以自主学习自然要以英语解读为目标，制订具体计划。

提高英语阅读能力可以通过阅读英语书，提高英语读物的级别。

如果在入门阶段家长有能力做到的话，还是想推荐一下以亲子阅读的方式来提高英语水平。相比于投入的时间、金钱、精力，亲子阅读的性价比很高，而且能很好地呵护孩子对英语的兴趣。

无论选择了哪种方法，都要确认孩子是否能消化当前的英语阅读级别，是否在持续进步中。将孩子送到英语补习班长达一年却一本英语书都看不完整，现实中这种悲剧随处可见。建议家长们用拼读法或视觉词等定期确认孩子对当前阅读级别的接受程度。

在孩子能独立阅读之前，就算是有老师在管教，家长也应积极介入和给予帮助，以确保孩子能顺利到达独立阅读阶段。一旦做到这一步，就可以把英语学习的自主权交给孩子。

这时，家长就可以退居二线，看看阅读量与阅读时间是否符合孩子的承受能力，有没有必要稍微调整一下……至于读什么书、是否反复阅读，这些具体方法就让孩子自己来定吧。

唯有能够独立阅读英语书，才能做题、理解语法、增加词汇量。

各年龄段的英语阅读阶段，推荐如下。

各年龄段的英语阅读阶段

阶段	目的	具体内容	年龄或年级
0	激发兴趣	英语游戏、英语歌、英语口诀等兴趣类英语	3—7 岁
1	正式接触英语环境熏陶	英语视频、英语绘本	5—7 岁
2	文字学习	拼读法、视觉词	小学 1—3 年级
3	英语阅读	读者手册	小学 2—5 年级
4	英语阅读	章节书	小学 4—6 年级
5	英语阅读	英语小说	小学 6 年级—高 3 年级

摘自：《小学完成每日阅读英语书的习惯》，李恩京。

说

想说得流畅，认真听是关键。只有理解了对方在说什么才能做出相应的回答。如果听力不过关，就算能说会道，也只是鹦鹉学舌式熟练而已，并不意味着在与外国人实际对话时也能毫无障碍。由于听不懂对方所说的意思，所以发音再标准、词汇量再大，也很难在实际对话中自然表达。

在前面我曾强调过在英语学习中要注意认真听。那么要听到什么程度，才能自然地延伸到开口说的阶段呢？这个时间由孩子平时的英语接触量和使用量决定。所以在开口说环节跟同龄比较没什么实际意义。发音比较也是同理。除非是达到一定级别的英语水平，否则在此之前，稍好和稍差的英语发音对于孩子学习英语、英语表达、英语自主学习都没有什么意义。

为孩子创造说英语的机会，允许孩子经常说、各种花样地说、自然舒服地说，这才是语言学习的灵魂所在。反复刷视频认识的句子、平时听闻的语句，要尽可能模仿着多说、多念叨，“千方百计多说英语”，这才是开口说的必需条件。

当孩子主动想用英语表达时，要给予其宽松舒适的环境，确保孩子没有压力和负担，自信表达。家长可以先抛砖引玉，先用英语说。发音生硬、语法不很准确都没关系。

到了三年级之后，学校的英语课对于练习英语口语非常有效。因为这个阶段的英语课以开口说和听力为主，“说”所占的比重变大。

学校的英语课以开口说英语文章为重点，所以孩子上课集中、积极互动的话，很容易学到新语句表达方式。家长可以给孩子创造一些表达机会，鼓励孩子在家也能说场景英语。英语视频、语音英语都可以，如果能结合学校学的句子自己发挥一下就更好了。

如果孩子的发音不够准确，也千万不要大惊小怪，能从孩子的英语表达中听懂是肚子饿、口渴……大概的意思表达清楚就算通过。孩子经过一番“深思熟虑”，把学校学来的英语加工成自己的语言勇敢表达出来，不去嘉奖反而一字一句地去纠正语法和拼读，可能会伤了他的心。语法漏洞百出又能怎样？重点是轻松说英语，就像情景剧一样。

让孩子口头复述一下当天所学的句子，使之渐渐软化自己的舌头、变为自己脑中的语言，久而久之就能做到敢说、自然地说。等到会说的句子多了之后，可以让孩子复述一下英语视频中听到的新句子，通过亲身体验，领悟到开口说英语没那么高深，也没那么难。

写

听、说、读，这几点可以通过练习册、亲子辅导等保持进度，但"写作"就有些麻烦了。要说写作，用母语写都让人打怵，何况是用英语写作。就算是对英语自信满满的学生写英语作文也会有些顾虑，不敢轻易去挑战。

其实要写好英语作文，有两个决定性因素：一是英语阅读，二是母语写作。如果孩子感到写英语作文很吃力，请先检查一下孩子的英语阅读量是否充分，母语写作是否熟练。如果一直坚持英语阅读，对英语读物内容有一定的了解，且能够自如驾驭单词量，那么四五年级可以开始挑战一下英语写作。写作属于投入多少收获多少的领域，所以没必要谈虎色变，也不要中途放弃，尽管大胆尝试就好。

写作的开始都源于抄写。家长可以选一本对内容十分有把握的英语读物让孩子抄写。家长自作聪明地选一些高难度、一知半解、完全没有接触过的读物是无法触发孩子自主学习英语的欲望的。其实筛选时可以注意两点：一个是孩子已经大致了解了书的内容，另一个是陌生单词量占比较小。

虽说是全程照书抄写，但是毕竟之前除了母语书写没有体验过外文书写，所以看着自己独立完成的英语抄文时，还是会有满满的成就感。抄写的量一次不宜过多，能控制在保持热忱不至于生厌的范围内最好。等到孩子熟练之后，如果他自己愿意再调整为抄写整篇，或者以写满一页为目标。在抄写过程中可以结合朗读、理解意义、熟悉文章结构……抄写到一定阶段，就可以转变为原创了。

这时就可以让孩子尝试写英语日记，从一行、两行、三行目标写起，孩子按照规定分量完成即可。如果要求孩子务必写满一整页，那么英语写作将会成为令人痛苦的事情（大人也不例外）。

市面上的英语写作类教辅很多。如果一开始孩子在空白本上写会有茫然、无从下笔的感觉，可以选那种上面有一行提示，下面简短写一行的形式的教辅。这种教辅操作性很强，更利于激发孩子的自主性。

虽然在开始阶段是借助课本，但是随着时间的推移，积少成多，总有一天孩子会用自己的一字一句填满空白作文本。为了这个目标，家长应该多尝试一些方法。

等到练完一两本英语写作教材后，可以给孩子几种选择，比如直接在空白本上写英语作文、英文写作教材 + 空白本、抄写 +

教材等方式……让孩子自己选择、自己落实、自己检查。

只抄写不结合教材，还是抄写和教材并行？什么时候开始？……其实这几种选择之间不存在优劣之分，孩子选择哪一种都无妨。经历过从框架到摆脱框架的历练，才能在学习其他科目时也运用这种自主能力。

下决心 3

奇迹，值得期待

每个家长在育儿路上都会在许多个瞬间期待奇迹发生。孩子从咿呀学语到稚嫩地发问“这是什么？”的时候；没有刻意教过却会一横一竖写下自己名字的时候；走在路上熟练地读出路边牌匾的时候；一天工夫就把九九乘法表背得滚瓜烂熟的时候……每当这时家长的心里会荡漾着幸福的小浪花，惊喜又欣慰。

“我小时候可没这么机灵，瞧瞧这聪明劲儿！”很多家长不禁感叹生命的神奇，学校通知观摩公开课时便会满怀欣喜地赶过去，一路上脑子里都是孩子在课堂上熠熠生辉的样子。结果到了公开课现场便有点儿傻眼了，班里的孩子个个聪慧机灵、表现出色。啊，是自己是井底之蛙还是山外有山？一直以为自家孩子是天下最棒的，没想到淹没在一群聪明的孩子中间，看着都差不多。于是突然有点儿沮丧、有点儿失衡。想必这样的经历很多人都不陌生。

看到孩子的成绩和预期值有差距时，家长会失去平常心，忧心忡忡，愁着愁着又突然看开了、想明白了一样。要学会用平常心去看孩子。平常心并不意味着放弃了奇迹，而这个奇迹当然也不是单指成绩或者考上名牌大学。

孩子到了小学高年级还一副学习不上心的样子，当家长的看着焦急又失望。天下家长都是一样的心情，践行着将学习主导权一点点交给孩子，但当孩子未能完成时却又忍不住训斥加威胁，纠结于到底要耐心等待还是强迫孩子做完。

家长在纠结这个问题时首先要认清一点：对于学习这件事，从来就没有孩子是因为喜欢才去做的。他或许因为心血来潮认真做过几天新买的练习册；或者因为新鲜感，在父母的带动下认真听写过两天。但几年加起来，恐怕这种表现积极的次数也没几天。孩子喜欢玩的天性是不可改变的。

纯粹因为喜欢学习而比别人专注的孩子极其少见，应该算是天才类型。这类孩子即便放任不管也能自己主动学好每一科，因为是出于自己喜欢才去做。如果拿自己的孩子跟这类孩子对比和竞争，就真的是跟自己过不去了。不如接受现实，早一点儿认清那类孩子和自家孩子要走的路不相同。

在我从教的 15 年间遇到了一届又一届孩子，有这种特殊智商和想法的一个年级基本都能有一个。但你肯定想象不到，即便是这类天才孩子，他们的家长也有烦恼，也会前来倾诉他们的苦恼。毕竟没有谁是完美的。

如果孩子明明一百个不情愿但还是硬着头皮去把这件事情做

完，就值得称赞和欣慰。也许在这一刻，在千家万户中的某个台灯下、某个书桌前，孩子的竞争对象正一边挠头，一边咬着铅笔跟作业较劲。当我们认清这种现状后再去看自己孩子时，视线会变得柔和许多。更不会去怀疑“这孩子怎么一点儿上进心都没有？”凡事不妨往好的方面去想一想：“目前做得不错。”“学业应该挺累的，却做得蛮用心……”家长需要考虑的只是下一阶段如何在此基础上增加和调整学习量。

对于没有学习意愿的孩子，让他们心甘情愿接受增加学习量的最好方式恐怕就是称赞和奖励了。有人会担心这样一来会助长孩子的功利心，所以干脆不做任何尝试。孩子明明是克服了惰性坚持做完了作业，家长却说做了该做的有什么可邀功的，就知道惦记奖励，有这心思怎么不想着给自己增加点儿学习量呢……当孩子面对家长这番犀利刻薄的话时，会是怎样的心情？谁能心大到在这种情况下还去想什么明天要更努力、付出更多呢？

重要的是赋予孩子学习动机，让孩子明白为什么这么辛苦但还是每天坚持学习，以及学习是为了什么。而且不能指望刚灌输这种观念孩子就能立刻领会并马上执行。这些或许有远期效果，但当前肯定是苍白空洞的。多数孩子听到这些会觉得抽象又缥缈。当前让孩子只明白一个道理就好：凡事认真去做，就必定会发生美好的事情。

如果孩子能顺利完成规定任务可以适当延长学习时间，至于延长多少，要以孩子不易察觉为准则。当孩子因为做题不耐烦时，家长总是忍不住发脾气。为什么看不到孩子明明很不情愿但还是坚持做完了呢？这不是已经尽力了吗？孩子正因为是直面问题而不是选择逃避，才真实地表现出这一面的。打死也不愿意却还是把它做完了，这份坚持和用心，不是应该好好表扬和鼓励吗？

只要孩子能按时完成，就可以给予足够的奖励。这个年纪的孩子还没有强大到不需要鲜花和掌声全靠自觉去做不喜欢的事情。又不是孩子不去做，也不是做不好，只是心里还没有准备好而已。毕竟是小学生，还是个孩子。

下面摘录朴成赫（音译）先生在《让学习突然变得有趣的瞬间》中的一段话。大家可以参考一下，也憧憬一下。

> 一直以来我们认为，学习是不得不埋头苦学的事情，而且必须脑子聪明、条件好才能学好。而以我的经验来看，学习不是靠头脑或技巧，而是在于“心”。因为学习轻松的那天是因为心情好，学习糟糕的那天好像也是因为心情差。有些事情值得我们期待。等到想要学习的心情爆棚时，就会由衷地感叹：“学习原来这么有趣。”而且一旦对学习感兴趣之后，就会亲眼见证成绩提升的奇迹。要知道，诞生奇迹所需要的，只在于“心”。

Part
4

将自主学习引向成功的七大小学核心习惯

小学生参加了长跑比赛，目标是跑完全程。现在介绍七大宝典，助孩子跑完全程。再聪明的孩子，如果不具备这七大宝典，也不会轻松掌握学习自主权。如果您的孩子当前已经在均等地培养这几项技能，那么恭喜您，可以期待孩子跑完全程了。

01

要吃好，学习是一场持久战

美国前总统奥巴马虽然在单亲家庭长大，但他从没觉得家人给予自己的爱是不完整的。他提到每天都是从和妈妈一起吃着早餐开启一天生活。从母亲精心准备的早餐中，他感受到了妈妈深沉而温暖的爱。即便不是奥巴马总统的这个例子，我们也能充分意识到早餐对情绪的重要性。而随着早餐对情绪的重要性被越来越多的人了解，对于学生来说一日三餐的重要性，也越来越被人们所强调。

无论是没胃口，还是挑食或偏食，想要学习正常进行，就必须先吃好。注重科学营养饮食，必然会比现在的学习效果更好。

充分的营养直接关系到大脑的专注力和效率。下面是食物对大脑活动影响的相关论述。

以女中学生为对象进行的Lee Seung Chun（2004）研究表明，有良好的饮食习惯、按时吃早餐、少吃零食的一组学生，学习成绩偏高。Kim Young Shin心理咨询机构（2008）以中学生为对象进行的饮食习惯、营养知识对健康和学习成绩的影响研究也表明，掌握的营养知识越多，学习成绩也越好，而且每天三顿饭都吃得好、不偏食的一组，成绩更好。

《小学高年级早餐情况及饮食习惯与学习相关性的研究》

Kang So hui，2013

相比于投入的金钱，能带来更大成果和更高效率的叫性价比高。不仅是金钱，相比于所投入的时间、精力、努力，能带来更多收获的叫"效率高"。学习讲究效率，开始时的目标是"认真"，而终极目的是"做好"。

既然孩子开始学习了，又期待好结果，最好还是有所规划和投入，而不是满腔热血开始，以失望收场。当孩子在为自己的本职任务全力以赴时，家长也应该不忘自己的本职任务，全力以赴。

> 用吃饭的时间来换取学习时间，从长远来看并不可取。自己把自己弄得喘不过气，最终只会窒息而死。
>
> ——摘自李志勋《学习，尽力了也不行，那就放弃吧》

提高学习效率。对于小学生来说，付出和获得成正比的最好方法就是“吃好、吃得营养而规律”。小学生正值身心发育阶段，当前的习惯决定着一生的健康、体格、免疫力。暴风发育期很容易感到饿，这时家长应该悉心喂养，为孩子的大脑和身体提供充分营养。

一日三餐实践原则

对于正处在成长期的孩子来说，没有什么比吃饭更重要、更基本的了。虽然道理都懂，但是现实生活中想要实践起来还是会有一定难度。精心准备孩子的一日三餐，对家长来说也是不小的压力。尤其是一日三餐都要在家里解决的周末、假期、上网课期间，一天在厨房围着锅灶团团转一点儿都不夸张。尽管如此，还是希望家长尽量能亲身力行，不要有所动摇。

按孩子的日常作息准备一日三餐，虽说辛苦烦琐，但这种辛苦用不了几年会很快过去。你会发现等到孩子长大后，想让孩子在家吃顿饭也成了难事，因为那时孩子长大成人开始忙于工作和社交，而且这个时期会比我们预想的来得更快。

原则 1　早晨不空腹

给孩子准备三餐，并不是说每顿都要用上乘的食材烹饪精良的营养餐，但一定要记住——学习所需的能量来源于摄取食物中的营养素。很多家庭条件艰苦，但孩子的成长却不会因为这样而被阻止。相比于环境，重要的是原则。原则坚定一些，那么环境是可以竭尽全力去配合的。

我教过的学生中因各种原因吃不上早饭的孩子比比皆是。有的是因为睡懒觉，有的是因为一大早没胃口，有的是父母没做早饭，有的是饭不合胃口，有的是肠胃不舒服，有的是肚子疼，有的是因为担心迟到……于是常常有孩子会空腹上学。

空腹状态下的孩子肯定会没力气，没力气就提不起学习兴趣，也没心情听课，就算是想听也很难集中精力。要是刚好这时溜个号、发个呆，被老师看见，肯定免不了招来一顿训，于是小组成员也纷纷抱怨孩子给小组扯后腿。试想，本来就肚子饿，神经异常敏感，加上听到同学嘟囔，火气一下子就上来，三句两句就厮打起来。

就因为我知道学生不吃早饭的后果，所以尽管每年都是熟悉的那些面孔，但我还是每次都会郑重叮嘱家长们，务必让孩子在家吃好早饭再上学。空腹状态下，让孩子一上午四节课都保持饱满的听课状态，要求他们在课上积极互动、保持愉快……难道孩子是超人吗？要是大人，早晨来不及吃饭，还可以在办公室冲个咖啡、吃点零食什么的，可是孩子哪有这个时间啊。

平时上完第三节课，就算是吃过早饭的孩子也会开始嘟囔肚子饿。教室生活直接关系到日常生活、自主学习习惯。为了能确保孩子养成良好的自主学习习惯，请家长一定要确保孩子饮食规律且营养均衡。

原则 2 按时吃饭

明确规定好“按时吃饭不空腹”，就会减少稀里糊涂对付吃的次数。双职工家庭的家长稍微再勤快点儿，帮孩子备好半成品食材，让孩子自己在家也能简单料理，不至于饿肚子。小学阶段的营养状态和饮食习惯，不仅会影响孩子一生的健康和饮食习惯，还会影响到他们将来为人父母后的小家庭的饮食习惯。原则其实很简单——按时吃饭，不饿肚子就可以。

当我看到有些孩子小小年纪却把作业视为比一日三餐更重要时，有些心疼又有些生气。由于放学后还要跟时间赛跑周转于各种补习班之间，许多孩子都是在快餐店、便利店解决一顿饭。碗面、三明治、炸鸡串、汉堡……孩子吃得这么对付，家长还要期待孩子能拿出好成绩来，是不是仅仅是因为家长就有权擅自安排孩子的这一切呢？上了小学高年级课时越来越紧，所以吃得不好勉强能理解，但是不能因为这样就把这种胡乱对付吃视为常态，将之习惯和合理化。

如果孩子天天如此，而大人觉得没办法、问题不大、无所谓，请停止这样的想法。像我家大宝，有时候下课比较晚时就会在休息时间路过便利店买个三明治对付一下，对此我总是感到抱歉和内疚。

原则 3　营养均衡

一日三餐顿顿做到营养到位不太可能，也没必要这么强迫自己。如果对烹饪有兴趣或者很擅长，那完全可以这样去做，但大部分家长都在为工作、家务、育儿、学习忙碌。如果把一天需要的营养合理分配到三餐当中，就会变得简单许多。

在诸多营养成分中，学习所需的热量来源于碳水化合物，成长发育所需的营养来源于蛋白质，所以这两种营养要在每天的饮食中供应到位。可以制定一个最基本的营养原则去坚持，比如一天至少确保两顿家常饭、每天确保一次肉食或鱼类、早餐搭配苹果等水果、每天喝杯牛奶、搭配维生素和乳酸菌等，以确保最基本的营养……

遇到放学晚，孩子在外面用一个汉堡对付一顿回来的情况，可以给孩子准备一份鸡胸肉沙拉或炖豆腐等来补充蛋白质，不仅缓解疲劳，还能提高学习效率。

原则 4 兼顾简餐

提高学习效率，简餐是很好的助力。至少一周两三次，建议准备一些牛奶、奶酪、肉脯、煮鸡蛋、沙拉等新鲜且高营养的简餐。

如果双职工家庭的父母没法照顾周全，可以提前备好食物并放到冰箱保鲜，等孩子回家就能拿出来加热吃，也让孩子习惯自己照顾自己。如果操作起来难度大，也不要直接放弃，可以退一步降低标准，至少确保一周三天以上让孩子吃上“相对来说还算过得去的简餐”。降低标准之后，操作起来就轻松多了。

02

确保睡眠，对学习来说是关键

历史上那些伟人的睡眠习惯五花八门。达·芬奇每天只睡 2 小时，莫扎特每天睡 4 小时，爱因斯坦据说每天要睡 10 多个小时才能不影响正常生活……家长可以先让孩子按照专家建议的睡眠时间去安排作息，观察第二天孩子的状态，看看效果如何，再作调整。合理的睡眠作息对将来漫长的学习生活非常重要。

小学阶段的孩子正值身体快速发育阶段，家长在关注孩子学习的同时也应该关注一下孩子的睡眠是否优质。因为好睡眠不仅能提高学习效率，还能有效消除和缓解学习带来的压力。我和先生就比其他成人睡眠久一些，而且孩子们也很能睡。我们早已达成默契，在小学阶段决不会牺牲睡眠时间来换孩子学习，深信有好睡眠才能高效学习。

其实睡眠对我们成年人来说也很重要。一天消耗的体能，需要通过睡眠补充过来。一觉睡好，第二天就会心情大好，一天都充满活力；如果没睡好就会觉得打不起精神，昏昏沉沉，身体也备感疲劳，一整天过得无精打采。

成长期孩子的睡眠需求远比成人多。专家已多次证实睡眠的重要性，围绕睡眠作用和功能的研究也很多，有关睡眠的相关研究也会持续进行下去。诸多研究都提到了睡眠对学习的影响，我在这里做个简单的介绍。

第一，恢复体力、大脑功能、肌肉功能。

大脑在感到压力时，身体会分泌激素，使人的记忆力消退。人在进入睡眠状态后，褪黑色素会提高抗压能力，消除学习带来的压力，使大脑重新调整为适合接纳新信息的理想状态。

第二，将白天所学的知识进行整理总结。

在进入深睡状态时，负责储存记忆的海马体对大脑储存的信息进行重新整理，把有效信息留存下来，将无用信息删除。

第三，脑脊液加快流动，将大脑堆积的代谢物清除体外。

睡眠过程中，脑脊液会清理白天生物活动时产生的有害物质，确保第二天拥有焕然一新的能量，元气满满。

睡眠对人的影响远比我们想象的重要，也直接影响着孩子的学习效率。所以在谈到学习方法时，一定要考虑到睡眠。

然而现在很多小学生每天完成作业后通常已到了半夜 11 点、12 点。作业是取得好成绩的直接保障，所以又不能不做。而在加大学习量时，相比于时间的长短更应该考虑专注力。

投入同样的学习时间，有的孩子成绩好有的孩子成绩差，这是专注力不同导致的。而对专注力影响最大的就是身体和心理因素。这里所指的身体健康无非就是孩子能吃好、睡好。

可以说，确保好睡眠才能身体健康，身体健康才能集中精力，集中精力才有可能提高学习效率。为了高效学习，不要一味地只要求认真再认真，而是要关注孩子睡眠，考虑如何调整才能改善孩子的睡眠。

孩子的睡眠怎么了？

孩子的睡眠质量是否好呢？以韩国为例，韩国青少年政策研究院于 2019 年 12 月发布的《青少年健康权益保障政策方案研究》显示，韩国小学 4—6 年级学生平均睡眠时间为 8 小时 41 分钟，初中生为 7 小时 21 分钟，高中生为 6 小时 3 分钟，平均睡眠时间约为 7 小时 18 分钟。

分类	起床时间	入睡时间	睡眠时间
小学生	7:22	22:41	8 小时 41 分
初中生	7:15	23:54	7 小时 21 分
高中生	6:54	0:51	6 小时 3 分
全体平均	7:10	23:52	7 小时 18 分

2019 年 5 月—7 月以韩国小学 4—6 年级（2,635 名），初中 1—3 年级（2,585 名），高中 1—3 年级（2,981 名）学生为对象的问卷调查（韩国青少年政策研究院）

美国国家睡眠基金会（NSF）建议 6—13 周岁的少年儿童每日睡眠应确保 9—11 小时，14—17 周岁确保 8—10 小时。从表格中可以看出韩国小学生的睡眠时间略低于推荐时长，而中学生睡眠则严重低于标准睡眠时间。

美国国家睡眠基金会各年龄层推荐睡眠时长

分类	建议睡眠时长	较好	较差
6—13 周岁	9—11 小时	7—8 小时，12 小时	少于 7 小时，大于 12 小时
14—17 周岁	8—10 小时	7 小时，11 小时	少于 7 小时，大于 11 小时
18—25 周岁	7—9 小时	6 小时，10—11 小时	少于 6 小时，大于 11 小时
26—64 周岁	7—9 小时	6 小时，10 小时	少于 6 小时，大于 10 小时
65 周岁以上	7—8 小时	5—6 小时，9 小时	少于 5 小时，大于 9 小时

在前面进行的问卷调查中，回答睡眠不足的孩子占所有答卷人数的 55.2%，他们所列的睡眠不足的第一个理由是学习，后面依次是上网、上补习班或家教课及网上聊天。

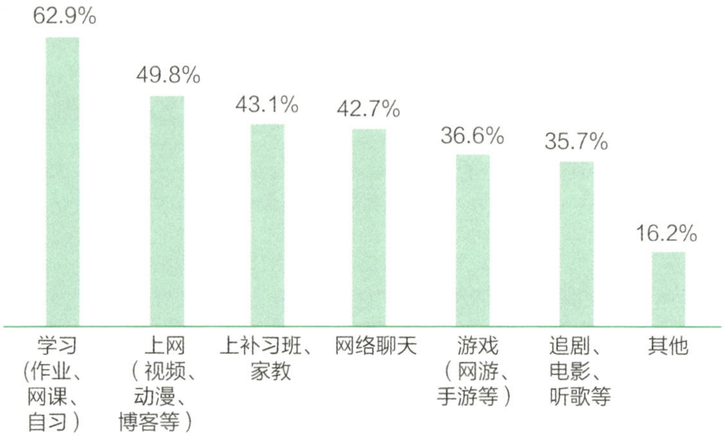

睡眠不足原因（多数回复）

关于影响睡眠的因素，男生大多回答是学习、游戏、上网，女生则是学习、上网、聊天；小学生基本是学习、上补习班或家教课、游戏、追剧看电影、听音乐、上网、聊天，中学生则是学习、上网、聊天。

孩子睡眠严重不足，因为学习任务重，也因为玩手机。家长恨不得孩子能在学习上多用些功夫，在上网、打游戏、追剧上少花费一些精力，但现实总是事与愿违。所以习惯的养成显得更重要。

孩子上了初、高中，已经习惯了每天使用手机，如果这时家长以影响睡眠为借口拿走手机恐怕会适得其反。小学阶段的孩子还能顺应家长的话，等大了中了手机的毒了，又恰逢青春叛逆期时再想纠正过来，已经太晚了。所以习惯养成要趁早，抓住时机培养孩子的好习惯，及时纠正不良习惯。

小学生理想入睡时间

小学阶段的学生家长可以把重点放在探索和了解孩子的睡眠习惯和合理调整上，通过日常观察了解孩子的入睡、起床、舒适的睡眠方式。我们知道褪黑素促进睡眠，通常是从晚上 9 点至 11 点开始分泌，凌晨 2 点达到顶峰，所以建议小学生晚上 10 点前入睡。

到了青春期，褪黑素分泌的时间会逐渐推迟，但入睡时间也尽量不要超过 12 点。拥有优质睡眠白天才能高度集中注意力，进行高效学习。家长可以根据孩子自主学习完成量，尝试多种睡眠时长，最终摸索出孩子的理想睡眠时间。

记得看过一档节目，节目中介绍了一个在校大学生的故事。这位同学在高中三年期间坚持每晚 11 点入睡，早晨 4 点 30 分起床。这种行为的重点不是“早晨 4 点 30 分起床”，而是“每天早晨都能精神饱满地自然醒，睡醒时刻刚好是 4 点 30 分”。

平时 4 点醒过、6 点也醒过，但他发现 4 点 30 分睡醒时感觉最精神。这个因人而异，而且小学生也不可能这个时间起床。我想说的是小学生会有他容易入睡的时间、自然醒的时间，我们做父母的应该留意孩子的生物钟，了解孩子的睡眠时间和作息。

确保优质睡眠的理想环境

2011 年，斯坦福大学研究机构在美国国家科学院院刊 PNAS 上发布了一项研究报告，称浅睡眠间隙经常睡醒的片段式睡眠会降低人的记忆力。他们在实验中发现，未受睡眠干扰的白鼠在认知陌生物体时费时较长，但是认知已知物体时用时较短；而受到睡眠干扰的白鼠无论是辨认已知物体还是陌生物体，所耗时间都一样长。这说明睡眠受到干扰的人会降低记忆力。事实上即便不了解这项研究结果，我们大多也会根据个人经历意识到这个事实。

下面介绍一下有助于孩子进行深度睡眠的环境因素。

· 养成按时入睡、按时起床的作息习惯。

· 室内温度控制在 18℃—24℃为宜（温度过热影响深度睡眠）。

· 尽量利用遮光布创造黑暗环境。

· 孩子的床品要舒适、适宜（被子的材质和厚度、床的硬度、枕头高度等）。

· 轻便宽松的睡衣。

· 睡前做 2—3 分钟简单的放松运动。

· 入睡前 2 小时避免使用电子产品（手机、平板电脑、笔记本电脑、电视等）。

· 手机、平板不放在卧室里。

以上因素中最需要费心的是屏幕电子产品，尤其是手机。2016 年，韩国小儿内分泌协会针对 500 名小学生家长进行过一项问卷调查，以了解家长对“生活习惯成就健康成长”的认知情况。参与问卷的 35.2% 的家长表示孩子每天睡眠不足 8 小时；约有 40% 的家长表示孩子入睡前使用电子产品；77% 的家长表示对于电子产品是影响孩子睡眠的最大因素这一事实有所了解。

睡前使用电子产品，会唤醒大脑工作并抑制褪黑色素的分泌，而且这种影响会持续至少 2—3 小时，严重妨碍睡眠。即便进入睡眠也要用很长时间才能进入深度睡眠。

睡前不看屏幕是最基本的原则，而且电脑、手机也应避免放在卧室里。很多家长觉得手机离床远一些，设置成振动、静音或关机就可以了。这样想也能理解，但是孩子意识到身边放着电子产品，就会将心思倾向于那边。所以这种侥幸心理还是收起来吧，不要在事半功倍的时机因为大意，而招来事倍功半的后果。小学阶段家长就要跟孩子约定好，睡觉时手机上交父母。

> 就算不用手机，将手机放在卧室本身就会影响睡眠。针对 2000—3000 名中学生进行的调查显示，身边放着手机睡觉的学生比其他人少睡 21 分钟。大家可能觉得 21 分钟不碍事，但是我可以举一个更能说明问题的研究结果：在让家长调查孩子睡眠时间得来的反馈表明，卧室里放着手机的学生比其他人少睡 1 小时。
>
> ——摘自 Anders Hansen《INSTA BRAIN》

其实就算我们没有接触到精神科专家医生 Anders Hansen 的观点，在现实中也应该深切体会到了这种后果。孩子因为戒不掉手机常常晚睡，躺在床上也是久久不能入睡。睡眠中也时不时醒来，惦记着确认一下短信，更有甚者半夜睡醒拿起手机玩……

给孩子手机指望他能把控好等于是在玩火。这种做法肯定是屡试屡败，不会有例外。所以还是不要制造给自己添堵、抓狂的机会了。

利用小憩时间

孩子学习久了很容易昏昏沉沉，开始溜号发呆，这时可以做个简单的放松运动，呼吸一下新鲜空气，调节一下状态。但是如果囤积的疲劳太多，靠简单的放松运动也很难缓解，这时不如小睡一会儿。

小睡 15—30 分钟可以减轻压力，缓解大脑疲劳，有利于厘清已学内容，更好地巩固记忆。可能刚才绞尽脑汁也没头绪的一道题，小睡一会儿重新去看时突然看出了解题破绽，这种情况是时有发生的。还有什么比这更让人欣喜的呢？

美国国家科学院院刊 PNAS 曾报道过一项有趣的研究，研究对象是 216 名 6—12 个月的婴幼儿。在传授小宝宝 3 个游戏方法后，让 A 组午睡 30 分钟，B 组则不午休。睡醒后 A 组宝宝们基本能记住 1.5 个游戏，而 B 组一个也没记住。由此可见，睡眠对于重组信息、帮助记忆起到非常重要的作用。午休过于频繁或时间过长也会影响学习，但是一天一次小憩，如果合理利用会事半功倍。

如果孩子下午小睡一会儿的机会少，家长们可以灵活变通一下，利用一周中课后时间充裕的一天，或周末、上网课、假期等机会，挤出时间让孩子小睡一会儿，以提高学习效率。

通过小睡改善状态提高学习效率，孩子在有过这种体验后将来上了中学时就会懂得合理利用小憩时间来缓解学习疲劳。

03

充分休息，学习也需要充电

周末充分休息后周一去公司时，尽管是早已熟悉的环境和业务，但还是会感觉有些特别。大人这样，孩子更是如此。可能很多人都觉得：“小孩子哪天不是在玩，还用特意留出时间休息吗？”没错，孩子当然也需要休息时间。正常人都需要有“悠闲放松”的休息时间，孩子更需要有充足的休息。

尤其是正值上学的孩子们，想要确保好的学习状态必须确保充足睡眠，通过适当休息提高学习的效率。休息并不意味着只是躺着什么也不做，也不等于干待着打发时间，更不是所有的孩子在同一时段用同样方式休息。正如玩过的才懂得如何玩，休息过的孩子才懂得什么叫有效休息。孩子要通过各种休息，认识到自己在什么环境什么方式下才能让身心达到最佳恢复状态。

休息好才能学得好

想让一部机器正常运转最重要的是让它休息好而不是单纯地补给机油。一味地填满机油和处于充电状态，都不能使之运转正常，必要时喊“停”非常重要。

孩子完成功课，家长检查后习惯性地嘱咐：“功课做完了看会儿书，把桌面整理一下，再把明天上课要用的书本准备好。”家长提醒孩子这没什么不可以，毕竟是孩子需要完成的。如果孩子自己能主动去做最好不过，但是这个年纪的孩子还不具备独自打理这一切的能力，所以一些提醒还是很必要的。问题是什么时候提醒才恰到好处。

首先要给孩子暂停、喘气的空隙。休息好才能学得好。切不要因为心急，觉得休息是浪费时间而一味地催促。孩子专心做完功课时家长应及时给予肯定和鼓励：“辛苦了，宝贝。”懂得休息也是学习战略中不可或缺的智慧。

孩子之所以需要合理休息的真正原因在于，有时人类的大脑无法集中精力解决的问题，往往会在休息时意外地得到解决，也就是说无意识发挥了积极作用。就像平时散步时会灵机一动冒出奇思妙想一样，就像阿基米德在浴缸中发出“尤里卡！”（意为

“好啊！有办法啦！”）的欢呼一样。

通过休息让身心得到放松，拥有一段独处的时间，放空大脑……往往恰好在这时，创意和点子会翩然而至。

现在的孩子疲于学习，比我们小时候要忙要累得多。个性主义和成绩至上倾向越来越明显，令老师们无不感到揪心和沉重。在一个集体里如果表现得不够快不够好很难被认可，这种环境下的孩子是无辜的。应该有人去告诉他们如何放松身心，如何学会智慧地休息。

> 尽一切办法去旅游、去游手好闲、去反思世界的未来与过去、去看书、去空想、去徘徊街头、去把思考的垂钓线抛向河水深处……愿你们有足够的金钱来拥有这一切。
>
> ——弗吉尼亚·伍尔芙

如何平衡休息和学习

关于时间管理，小学期间要明确的核心是“在有限的时间里有效学习了多少？”而不是“学了多久”。这个年纪的孩子需要与同伴共处和玩耍，从玩中学会成长和获得经验，所以一味地强调长时间学习并不高明。关键在于让孩子从待办任务中分出轻重缓急。哪怕是再小的事情，也要学会科学安排。

有些孩子在学习这条路上走得越来越豁达和从容。这是因为本身有着要做好每件事的初衷，当他去认真对待每件事时意识到时间有限，于是感受到有必要把待办事情进行合理规划，先做好重要的再去完成次要的。

学习好的孩子并不等于体力好，所以学久了也会感到体力达到极限。这时通过合理休息、高效分配任务，达到在有限时间内完成学习任务的目的。那些在学习道路上越学越好的孩子都有个共同的特点，就是合理利用时间。

手机和休息

有些孩子做完功课就惦记着玩手机、打游戏，觉得这就是自己想要的休息，是对于认真学习的理所应该的褒奖。相比于暴露在雾霾下到没有玩伴的小区游乐园玩，手机里缤纷的掌上世界确实更能吸引人。

把玩手机视为对于学习的补偿和褒奖，每次借着休息的名义去玩手机显然是危险的想法。

在原则问题上不存在妥协。用手机消磨时间就是“玩”，而不是“休息”。为了让大家更直观地理解，我借用一下心理学范畴中对于“休息”这一概念的定义。

休息（心理学）

心理学领域“休息”的定义如下：一种生命体不存在愤怒、不安、恐惧等情绪的无意识的微弱的紧张状态。牛津英语词典的解释是“没有身心的紧张和不安的状态”……休息可通过冥想、自律训练、渐进式肌肉舒缓来实现。休息有利于改善人们应对压力的能力。

——维基百科，大家的百科词典

玩手机的时光总是快乐无比的，但也伴随着不安和紧张。和网友聊天、浏览新闻、欣赏图片、游戏对决，对方隔着屏幕发来一句“怎么了”，就百般热忱地试图开启一段温柔的对话；刷到肯尼迪前总统侄女的女儿和孙子划独木舟失踪的报道就忍不住点开浏览，翻到最后悻悻吐槽一句“与我何干”就随手关掉窗口；看到朋友在网上晒照片，羡慕和嫉妒参半，顿时失衡；打游戏为了成功闯关和升级，键盘敲到手指发红……

孩子表现出的对手机的迷恋，正是现代人手机不离手的真实写照。在使用手机这件事情上要时刻保持清醒，毕竟玩手机与休息完全是两个概念。

04

运动，体力就是学习能力

多项研究表明，运动不仅能增强体力，还能提高记忆力、专注力、创意力等认知能力。哈佛医大临床精神科教授 John J. Ratey 认为："大脑不好，身体受累。"这句话更为科学、恰当的解释是："不经常运动的话会让大脑受累。"也就是说，运动能活跃大脑，让学习更加高效。

运动对小学生的重要性不言而喻。但道理明白，真正落实起来并不简单。孩子每天完成作业都恨不得三头六臂，再挤出时间运动锻炼简直是奢侈。

有些家长尝试过让孩子放学后挤出时间锻炼，但仅仅是作为临时性的一些加餐式运动而已。如果遇到临时有别的事情或者时间很赶，说取消就取消。运动可不是鸡肋一样可有可无的存在。

恳请大家想象一下五年、十年后孩子上了高中，晚上学到夜深，扛不住困倦打瞌睡、玩手机玩到眼睛通红才入睡、早晨拖着疲惫的身体走向学校……这绝对不是我们想看到的孩子未来的样子。

想要让孩子开始自主学习，每天必做的功课不是英语或数学，而是体育锻炼。小学阶段本应是加强体育锻炼、多跑多运动多流汗、增强体力的关键时期，也是唯一的黄金期。功课带来的压力要通过体育活动来缓解和消除，而不是靠玩手机。孩子自己也应该在父母的引导下学会这个劳逸结合的方法。如果孩子感冒，家长该担心的不是落下一节英语课，而是应该因为错过一次体育活动而感到惋惜。

有些小学生虽然不怎么运动，但也不会影响健康或者耽误学习，成绩也不错，但学习不是一项短跑而是漫长的马拉松。当前只是小学阶段，可能感受不深，等到了中学学习任务更重时就越显得体力是强有力的保障。孩子越是学习热情高，就越应该注重每天的体育锻炼。下面讲讲具体原因。

过硬的体力，撑起枯燥的学习

现在的孩子大多体格健壮，身体素质好。不少小学四五年级的孩子个头就已经跟老师差不多了。有时候路过六年级教室走廊，乍一看还以为是一群大人围在一起。

虽然孩子身体发育快，但体育课上绕操场跑一圈就累得气喘吁吁。有些孩子则刚迈出几步就嫌累，连连摆手退出跑步队列宣布放弃，好像对体育锻炼本身感到陌生、不习惯，从心里抵触和排斥。我们熟悉的体育课应该是孩子们你追我赶积极参与各项活动，操场一片欢声笑语的样子。正值发育期的孩子却对体育课没有任何兴趣，本来一周就没几节，还表现得如此冷漠。

有时候看到孩子因为写作业、做功课休息不好，两眼无神地坐在操场边一脸疲惫，我很揪心。他们每天被捆绑在书桌前做那些做也做不完的英语、语文……这种学习究竟有什么意义？

没有过硬的体力做后盾，即便当前有好成绩，恐怕以后也很难有更大的突破。真正的学习之战尚未打响，刚要铆足劲儿好好学结果没过多久就感到疲劳、犯困，动不动就流鼻血，埋头学一两个小时就开始注意力不集中……即便心里想好好学，但体力跟不上。

如果喝补药、喝能量饮料、喝咖啡就能解决问题，那么大家早都上了名牌大学。

那些平时学习成绩一般，但小学就开始锻炼、体质过硬的孩子，就算学习任务增加也能应付得过来，甚至借着从小学开始练就的过硬体力在学习上逆袭。小学时大家成绩都不相上下，等到了初中、高中，决定成绩好坏的诸多因素之一，便是体力。

小学阶段的学习任务不算多，可能还无法把学习和体力联系到一起。有不少家长和孩子认为：“体育差一点儿也无所谓。”但是一旦孩子上了中学，情况就大不一样了。学习任务加重，题量也增多，如果体力跟不上，很难在书桌前连续做几个小时的功课。体力一旦没有了优势，在持久力和专注力上都会处于劣势。因为深知这一点，所以为了加强两个孩子的体力我家也是煞费苦心。唯有这样，才能在需要发挥专注力的关键时刻让体力潜能发挥爆发力和持久力，为成功助一臂之力。

现在，孩子们的运动空间很受限。就算是我们知道体育运动的重要性，努力创造机会给孩子加强运动，但运动量远远不够。建议一周至少确保 4 天运动，每次 1 小时以上为宜。相比于每天运动 2—3 个小时，每天坚持运动 1 小时的效果要好许多，无论是对大脑健康，还是对良好习惯的养成。

体力跟上了，孩子才能更加专注听课，提高上课效率。有些大学生考试期间熬夜复习一星期，等到考完最后一科整个人就累瘫，回到宿舍倒头就睡。但是有些学生整个学期都在坚持体育锻炼，身体素质棒，所以熬夜一星期根本不是什么问题。

一类是靠平时的体育锻炼练就了过硬的身体素质，考试期间熬夜复习也能保持高度专注力；另一类是熬夜一两天就体力跟不上，考场发挥失利……两者谁能在考场上发挥得更好不言而喻。

哈佛大学毕业的韩国东国大学金娜娜教授曾在一档节目中谈到哈佛大学特别的学习方法时，提到两点：一是“提问”，二是“运动”，尤其着重提到了将体育运动纳入到日常生活中的必要性。她强调：“人们通常认为学生平时参与体育运动不仅占用学习时间，也会因为消耗体力影响上课效率。其实一旦习惯了的话，学生不仅能在短时间内进行高效学习，还能兼顾健康和体力。”

说到底，学习需要健康和体力跟得上，想要拥有健康和体力，应该把体育运动生活化。

通过有氧运动，活跃大脑

韩国体育学会期刊曾刊登了一篇名为《有氧运动对小学生集中精力做题时活跃大脑的影响》的论文。论文中以 4—6 年级小学生为对象，让他们每周进行 3 次有氧运动，每次 20 分钟（长跑或走路），为期 8 周。之后再对他们运动前后的脑电波进行对比。

研究结果显示，学生在进行有氧运动之后去完成需要专注力的课题时，其大脑额叶右侧和枕叶右侧能有效发生互动作用，额叶和顶叶右侧在运动前后发生了显著的差异，在额叶、外侧额叶、顶叶也发生了同样的现象。

这项研究表明，在同样的时间和场所条件下，面对同样的课题，是否参加有氧运动会影响孩子做题时的专注度。这项研究有利说明了小学阶段的体育锻炼，不仅是自主学习的必要条件，甚至可以说能决定人的一生。

大脑是为数不多的具有可塑性（根据环境、学习、训练，其作用和功能发生变化）的器官。小学阶段的大脑和身体发育快速，多动脑、多思考能活跃大脑，因为在运动时会为激活大脑提供必要的能量和氧气。

轻微运动时会分泌血清素和多巴胺，也叫“学习激素”，它有助于把大脑储存的内容转化为长期记忆。所以在体育运动或在学习间隙做一些轻微的拉伸运动，可提高学习效率。相反，如果长时间一个姿势坐着学习，无论是专注度还是学习效率都会大大降低。

在开始学习前，做一些跳绳等简单的有氧运动，每隔一小时做一下轻微的拉伸，可以有效活跃大脑。不需要在小区散步、跑步、走路，也不要求进行骑车等专业运动，仅靠简单的有氧运动就能大大提高学习效率。

小学体育运动推荐目录

想要练就一生受益的强健体魄，获得运动的快乐，需要一定的运动经验。世界卫生组织（WHO）建议青少年一天应确保 1 个小时的运动时间。

很多小学的体育课每周不少于 3 节课，但很少有学生能玩到汗流浃背。平时户外体育课也常常因为天气、雾霾等受到影响。正因为这样，在家里更要加强孩子的体育锻炼。

在确定体育项目时，除了个人运动，还可以考虑一下能和同伴一起进行的小组运动。个人运动不必拘泥于时间、空间，可以灵活进行；小组运动的优势在于通过团队运动，获得心理上的成就感、锻炼孩子的协作力、获得持续运动的动力。

小学各年级推荐运动

分类	低年级	高年级
种类	增强基本体质 释放全身能量	增强基本体质 训练技巧类运动
个人	散步、跳绳、爬山、游泳、自行车、跆拳道、芭蕾、瑜伽	飞碟、直排轮、轮滑、高尔夫、韵律操、投接球
团队	足球、避球游戏、投接球、广播舞、健身操	羽毛球、网球、软式墙网球、篮球、乒乓球、冰球、飞碟、极限运动

每个人的居住环境条件不一样，所以可选的体育项目也会受限，因此并不意味着每个孩子要涉猎所有的项目，事实上也做不到。最好是选那种经济上可以承受，孩子自己喜欢且愿意坚持下去的项目。

尽量让孩子多体验一下，但不要给孩子必须做好的心理压力。就当是为了确认孩子是否感兴趣的验证过程就好。小时候学到的运动技能将成为伴随孩子一生的珍宝，会为他们将来长大成人过充满活力的生活奠定良好的基础。所以在小学，相比于英语或数学，我们更应该关注孩子的体育运动。虽然存在个体差异，还有时间和强度的问题，但大体上可参考下列建议。

小学阶段合理的运动时间

学期	每周 3 天 / 每天 1 小时以上的规律运动
假期	每周 5 天 / 每天 2 小时左右的各种运动
备注	• 入睡 2 小时前结束运动 • 避免因为运动过度感到疲劳（一天控制在 2 小时内）

打造有规律的运动节奏

在醒目处贴上孩子的每日运动计划或周运动计划。将每天习惯性的必做任务和待办运动项目捆绑计划时，可以避免忘记或产生惰性。日积月累下来，就会养成习惯，进行起来也不再抵触。

下面是我家孩子（当前小学五、六年级）一天的日程。

小学五、六年级每天运动安排示例

领域	每天坚持项目	每天生活小习惯 + 每天运动同步
运动	跳绳 500 个	（上学、放学）将跳绳挂在书房或玄关书包挂钩旁边 ⇨ 放学回家挂好书包，开始跳绳
学习	拉伸运动	（起床）坐在床上做 1 分钟拉伸
	写日记	（睡觉）在靠床的墙上贴上日记便利贴 ⇨ 睡前简单记录日记，入睡
	看书	（睡觉）床头放一本书 ⇨ 进行 20 分钟室内篮球后，开始睡前阅读
	数学学习	做完数学功课后，做 30 分钟游戏
	英语视频	（刷牙）刷牙 3 分钟、吃零食时观看英语视频
兴趣	演奏乐器	（晚餐）晚餐后练习 20 分钟架子鼓

反复开始，在小事中体验快乐

可以从大脑还没察觉的那种小的改变开始尝试。从小事开始是增加成功概率的保障，不但容易成功，即便失败也不会有太大的失落和挫败感。计划和努力如果看不到效果往往很难坚持下去。小尝试获得成功时，就可以带动更大的尝试和成功。成功带动成功，成就成功。

心血来潮去一次健身房一通“野蛮”健身后，第二天肯定得累趴下，不仅肌肉酸痛，恐怕连走路抬胳膊都费劲。为了缓解肌肉酸痛休息几天，就渐渐没了当初的那股热情，一腔热血又被懒惰所替代。还不如第一天浅尝辄止，简单做拉伸运动后，从熟悉各种器械使用方法开始，小试牛刀，第二天再深入尝试。

任何事情都应该以不过度为原则，大脑和身心不感到疲惫的程度就可以。如果运动过程中痛苦和疲惫占据大部分体验感，就很难坚持下去，所以要把握好度，让孩子体会到运动中的快乐，才能坚持下去。

千万不能一时兴起，单方面宣布每天骑行 2 小时，在孩子身心尚未准备好的情况下，就拉着孩子遛操场、遛公园。在小区院里跳跳绳、散散步、和父母打羽毛球、做扔球接球游戏、投接球……选简单操作性强的开始尝试，慢慢增加次数、时间、种类。

05

专注力，环境来创造

“专注力”是指“能够在一定时间内持续专注于某个特定课题或活动的能力”。“特定课题”指的是非散乱的某一个，“一定时间”表示时间比较长，而非 20—30 分钟；“持续”表示连续性，而非断断续续。

当我们问到一个孩子的专注力如何时，对于小学生而言，就是特指“孩子听课或写作业时，是否能在 60 分钟左右的时间内不溜号，只专注于一件事”。大家肯定好奇自己的孩子能达到怎样的专注度。或许孩子的表现让您很失望。但是没关系，其实在课堂上专注力高的孩子不到 10%，并不是我们想的那样，大部分孩子都热情高涨精神饱满。大多数孩子都差不多。

小学生一堂课时长为 40 分钟，这是因为小学生平均专注力持续时间为 40 分钟。初中生为 45 分钟，高中生为 50 分钟，大学生基本是 1 小时，大课通常是 2 小时以上。

前面之所以说到 60 分钟，是因为孩子每天要完成的学习量，动不动就超过 40 分钟。也许有家长会说："60 分钟咱也不指望。只要能坐住 40 分钟我就满足了。"而现实的情况是孩子往往 20—30 分钟的专注力都没有。这可能又会让一些家长感到上火、失望。其实大可不必。因为一个人的专注力是可以通过个人努力、周围环境、个人意志锻炼出来的。

环境由我们来改造，但环境也在改造着我们。在孩子的学习上，环境同样至关重要。并不是说天价的书桌或具备矫正功能的人工学椅子就能立竿见影提高孩子的成绩。但是如果孩子正在跟数学题较劲时，家长在旁边为了追剧将电视音量调得很高，或者打手游，这样的环境就不要指望孩子有个好成绩。家长应该认真对待周边环境中对孩子学习的干扰因素。

相比于大人，孩子对空间氛围有着更敏锐的反应。平时在教室中，如果孩子们过于吵闹的话，我会放一些舒缓的音乐。这时就会发生神奇的一幕，孩子们很快会压低声音，继而安静下来。毕竟都是耳聪的年龄啊。

学生时期，孩子的五官比任何时期都活跃和灵敏，是一生中最为敏感的发育期，对于生活中细微的声音和光都会异常敏感。

而大人们随着年龄的增长，无论是视力还是听力都会日渐迟钝和麻木，所以不能用大人的判断标准来对待孩子的学习环境。

培养专注力

专注力是受周围环境、专注经验、意志影响的可变能力。如果是坐在音乐舒缓的安静咖啡厅里看书很容易集中注意力，但是在孩子们奔跑打闹、扔靠垫、大喊大叫的客厅看人文学、经济学图书，确实很难看进去。拿我来说，想集中精力写稿子时，我就会去图书馆或咖啡厅，为的是提高专注力来工作。

孩子们很少有长时间专注于一件事的经历，对于自己能一次集中多久也不了解。所以应该多锻炼一下孩子在这方面的能力，让孩子自己认识到自己可以专注于一件事情很久。值得我们欣慰的是专注力会随着孩子的成长慢慢养成。

给一年级和六年级的孩子上课时感受到氛围明显不一样，也是因为孩子随着年级升高自然加强的专注力导致听课热情不同。这种自然具备的专注力再加上勤奋好学的品质，孩子成绩提升的空间非常大。

无论是大人还是孩子，都有认真投入某件事情的瞬间，那就是做自己喜欢的事情。学习并不是孩子长大了就能从原本讨厌变为喜欢的事情。而且只有那些经历过专注投入喜欢的事情的孩子，在对待不那么喜欢的学习时，才能发挥这种专注力。相反，如果一个孩子从来没有专注地做过任何喜欢的事情，那么突然让他专注学习是不太可能的。

如果孩子能不挪地方、不乱动，在那个位置专注做一件事长达一个多小时，请家长留意当时的环境和氛围，至于孩子所做的那件事是不是与学习有关，都不重要。然后将家里的氛围尽量打造成与当时类似的环境，有利于孩子更专注地做某事。如果孩子能专注一个多小时把黏土揉一揉、贴一贴、甩一甩、按一按……那么也有可能同样去专注学习和阅读这么久的时间。不管孩子在做什么，如果他自己安静地长时间专注某件事，那么请家长千万不要去妨碍孩子。

制定学习时间表，有效提高专注力

想要提高专注力，就应该把零碎时间有效地利用起来。其实计划表以时间为单位粗线条制定时，操作起来效果并不理想。应该细分化，把小时切割成分钟将计划更加具体化。

比如算一页题用时 3 分钟、做一道数学题用时 1 分钟……按照这种方式制定短时间目标，更有利于锻炼孩子在这个时间内全神贯注的能力。以 3 分钟为单位练习 10 次就是 30 分钟，待逐渐适应后再相应延长时间。好比是一天一天搭建高塔一样，从每天的小成功中获取经验，逐渐熟悉和习惯专注去做某件事情。尽管每次的目标时间很短，但是孩子从中体验到了坚持的成就感，在此基础上再挑战下一个目标。

如果学习和吃零食的时间刚好重合，一定要坚守一个原则——不能一边吃东西一边学习。小时候的习惯会伴随一生，所以小学阶段的习惯养成一定要重视，勿以恶小而为之。一旦习惯了一边吃一边学习，那么不仅坐在书桌前的时间变长，专注力和效率也会降低。孩子会错把坐在课桌前的时间等同于学习时间。

在开始学习之前，家长可以提前为孩子准备好需要补给的能量，让孩子先吃点儿简餐再开始学习。可以根据每天的情况，在孩子开始学习前约定好美食菜品，这样孩子就可以安心投入学习。

· 妈妈为你准备了冰激凌，宝贝一会儿做完这些题过来吃。

· 你看今天的英语阅读大概需要几分钟？妈妈提前做好饭等你。

· 抽屉里有为你准备的曲奇饼干，一会儿等复习完语文和数学，过来吃。

每当孩子做完一两门功课中间休息后不情愿地重新回到书桌前继续学习时，家长可以以下一顿美食作为条件，让孩子有所期待。

· 今晚吃烤牛肉，等你写完英语日记我们就开动。

· 中午咱们吃炸鸡，你看看做完这些功课大概需要多久？我好提前订。

· 今天爸爸难得提前下班，等你做完功课一起吃个晚饭。

用这种语言让孩子意识到，尽管即将开始一件困难的事情，但这是“有尽头、有结果的”，而且在终点还有美好的事情在等待。于是在 30 分钟、1 小时内都能欣然投入学习。学习是需要投入精力专心完成的事情，所以学就要学得全心投入。

智能手机和专注力

许多研究表明智能手机直接影响着学生的学习成绩。即便不去特意查找那些研究结果，人们也早已对这个现状深有感触。孩子睁开眼睛就翻手机，睡前还在翻手机，就是舍不得把手机放一边乖乖做其他事情。尤其是因为新冠肺炎疫情动不动就线上上课，孩子们在家上网课的时间越来越多，也就注定了玩手机的机会也越来越多，问题也就越来越严重。

一整天盯着手机，要么聊天，要么打游戏，人们对这种现象早已见怪不怪了。过去是大人控制不了自己久而久之成为低头族，如今这一幕成为孩子的日常写照。

是不是儿童手机、翻盖手机就能好一些呢？问题是这类手机也会每天被各种电话、短信、聊天信息所打扰，除了熟人发来的，还有各种骚扰电话、骚扰短信、服务短信……一天里会被各种铃声、振动、亮屏所打扰。小孩子本来就专注力差，结果还要被手机时不时地干扰。我家给孩子用的是翻盖手机（老年机），但在打扰学习这方面和智能手机好像也没太大区别。

自控力与大脑额叶的发育有密切关系，额叶要到 25 岁才能发育完全。给尚没有自控力的孩子手机绝对不是对孩子的信任，而是一种玩火行为。

面对诱惑，小孩子要有多强的自控力才能忍着不去碰手机呢？明明知道手机就在跟前时，所有的心思都用在了想玩不能玩、不断地挣扎和纠结上了。还有一种可能是，孩子千方百计地想避开父母的眼光偷偷玩手机，把自己弄得紧张焦虑。沉迷于手机的瞬间是快乐的，但一旦想到自己在做不该做的事情，辜负了父母的期望，又会陷入自责当中。在孩子玩手机这件事情上，家长必须积极介入。

孩子接触手机的时间，能靠后就尽量靠后。小学阶段尽量不要让孩子接触手机，但是太难了。大多情况下，小学高年级通常一个班级有 25 名左右的学生，不用智能手机的仅为三四人，所以当孩子说自己也想跟同学一样拥有自己的手机时，家长也不太好拒绝。尽管这样，孩子第一次接触手机的时间还是尽可能往后推好一些。除非是之前已经承诺过买手机，毕竟答应的事情也得去遵守诺言。总之，在买不买手机这个问题上，一家人可以好好商量着决定。

智能手机使用原则 1：指定场所

2017 年，美国芝加哥大学研究团队进行了一项实验——智能手机对学生的学习究竟起到什么影响。（Adrian F. Ward，Kristen Duke，Ayelet Gneezy，and Maarten W. Bos）

实验的具体内容如下：将学生分为三组，分别将他们的手机放在教室课桌上、书包或口袋里、教室外面，然后让学生坐在教室课桌前做数学题。结果显示，第三组几乎没受任何影响，而第一、第二组的成绩明显下降。实验结果表明，只要手机在跟前，不管是用还是不用都会刺激大脑，占用大脑的一部分能量。

由于意识到手机的存在，于是心思自然就转移到了手机上，总觉得下一秒某个电话会打进来、短信振动会响起来、新的消息提示音会响起来。心思都用在了手机这边，学习那边自然就会分心和溜号。所以要避免把手机带入学习场所，最好是家长提前跟孩子约定好，手机仅在使用时拿出来放跟前，其他时间一律放在指定位置，而且这个存放位置离学习场所越远越好，取一次也是越麻烦越好。到了晚上睡觉时间，手机就放到父母卧室。

家长千万不要异想天开，觉得孩子高年级了有一定的自制力了，可以控制好玩手机的时间，于是就放任不管。成年人都摆脱不了手机的诱惑，有短信或聊天信息时恨不得立刻拿起手机确认消息，而一旦碰了手机，就犹如打开了潘多拉魔盒，很难做到确认消息就立刻回归当前工作，一定要看一看无关紧要的其他内容，一看就是半天，早已把之前手头上的事情抛到脑后。大人都很难做到控制自己，孩子就更不用说了。

智能手机使用原则 2：指定时间

千万不能养成上课期间时不时拿出来手机看的坏习惯。孩子去学校时应把手机放在家里，等回到家后仅在规定时间内去玩游戏或聊天。在手机上花费多少时间决定着成绩好坏的时代已到来。达到 100% 专注所需要的时间是 20 分钟，但是破坏这种专注仅需要 30 秒。

到了规定时间孩子能按约定准时提交手机时，家长可以给予适当的奖励（比如下一次游戏延长 10 分钟）。一开始就能遵守约定的孩子也不多见，但是相比于不遵守约定时惩罚孩子，在他遵守约定时奖励孩子更有积极意义，随着时间推移，遵守约定的概率也会越来越高。相比于是否遵守约定，把重点放在遵守了多少次约定更符合这个年龄孩子的心理特点。对于孩子偶尔失约一两次，家长可以睁一只眼闭一只眼，没必要每次都上纲上线。

为专注力创造最佳环境

什么环境会让人有投入学习的欲望呢？每个家庭的条件和环境各不相同，比如我家，空间狭小、活动受限，很多细节都做得不到位。但是有心无力和直接放弃两者是有很大区别的。要有意识地多关注，才能在更换家具、搬家，哪怕是换个灯泡时，都会优先考虑是否对孩子学习有帮助。

不要因为当前无法实现就放弃或感到悲观。孩子不可能用一天时间提高成绩，家长也不可能一步到位把一切需求都做到面面俱到。谁也做不到一步到位，结合自己的情况配备就好。

学习屋、卧室、餐桌

把餐桌利用起来。有些孩子可能从小就喜欢在自己房间学习，但大多数家庭都是父母和孩子对坐餐桌边，互相交流。孩子有不懂的及时问，在自然和谐的氛围里学习。

有些家长借着孩子幼升小急着购买成套桌椅，弄得隆重又夸张，甚至单独弄个房间布置成学习房。如果这些好好利用起来倒是很好，但如果没利用起来，就成了摆设。孩子还没有心理准备，只是家长过于着急了。

如果不是孩子自己要求买书桌，餐桌不失为最好的临时之选。现在很多家庭都有二胎，所以家长动不动就喜欢把大宝打发到房间里自己学习，然后带着小宝在客厅吃零食、看电视。这时我们不难想象大宝的心理，本来把自己关在房间学习就一肚子不满，听着客厅热热闹闹唯独落了自己，孩子怎么可能专注学习？

我们提倡自主学习，但不是让孩子自己坐在课桌前学习。其实孩子在客厅餐桌前坐着，虽然跟弟弟妹妹有一搭没一搭地说笑，但如果学习进度按照预期的计划进展顺利，那么也算是自主学习。相反，虽然一个人在书房独自学习，但只是忙着应付大人指定的学习任务和规定时间，就不能称之为自主学习。

理想温度

室内空气闷热、浑浊时，人就很容易犯困，影响专注力。就像在教室，坐在空调出热风的位置下方的同学，很容易脸上发热泛红，开始有困意。人体对热风往往反应很明显。

学习欲望本来就没那么强烈，加上天热烦闷，专注力只会下降。如果孩子学习还未到半小时就表现得烦躁、坐不住，不妨看看室内温度适不适宜。

像我们这个年纪，岁数越大基础体温越低，越容易冷，所以把年轻时排斥的秋衣秋裤主动套身上还嫌不够，还经常把“冷啊冷”挂在嘴边，于是调高室温，却忘了精力旺盛的孩子们，本来就比大人体温高，稍微运动就更不用说了，不光是夏天嫌热，大冬天也容易热。

如果每个房间都有空调，可以给孩子房间的温度设置得相对清凉一些，前提是孩子已经练就了较好的免疫力。至少在学习期间可以把窗户稍微开个缝，让室内保持空气新鲜且清凉。或者让孩子养成一天至少通风一次的好习惯。

书桌

孩子什么时候需要自己的书桌，其实父母是可以判断的。比如餐桌下面落满了橡皮屑、餐桌的木纹纹路被孩子用铅笔画得面目全非（通常小学二三年级）……这时孩子可能就开始想拥有自己的书桌了，家长可以考虑为孩子添置一张书桌。孩子盼来心心念念的书桌肯定会手舞足蹈，迫不及待坐在书桌前写写画画，就连写日记都忍不住多写一行。

孩子的房间和书桌要布置得简单一些，这样一坐下来就能马上投入到学习当中。

有些孩子坐到书桌前，先是削铅笔、翻找课本，再去找练习本、找橡皮、翻书桌抽屉、清理书桌上的橡皮屑，再把书架上那些不整齐的书重新摆弄一番，很快 10 分钟就过去了。所以要把书桌上面弄得简单一些，就能避免孩子做多余的小动作，毕竟眼前看不见的心里也不会去惦记。

这个细节问题很容易解决。家长可以坐在书桌前以孩子的视线高度环顾一下周围，如果觉得有妨碍学习的东西，果断清理掉。孩子尚不懂得那些为什么不利于学习、为什么多余、为什么会影响专注力。意识不到的问题，孩子自然也就不会当作是问题。所以需要大人出面，以孩子的视线勤检查、及时清理。专注力也需要锻炼和培养。

孩子上学或外出时，家长可以在孩子桌前坐一小时。尽量和孩子学习时同场景来体验一下。把自己变为孩子在书桌前坐一坐，就能知道椅子长时间坐着是不是舒服，书桌会不会有点儿窄，桌椅高度是否适合孩子身高，灯光亮度是否舒适，隔音和换气是否到位，在房间听着客厅的电视声音会不会太大。到时就会发现，大人没有顾及的许多因素，可能在影响着孩子的五感。

——摘自全伟圣《妈妈了解了，孩子才解放》

噪声

我们确实不应该把孩子惯得那么娇气，让孩子无法容忍任何噪声，但也没必要让孩子处在噪声充斥的环境中。人的专注力是有一定限度并带有条件性的，所以寺院的寂静固然让我们感到压抑，但无任何过滤的噪声更让人难以接受。

偶尔可以在孩子感到无聊时，放一些舒缓的音乐制造咖啡厅一样的氛围，这对于短暂提高注意力也是不错的方法。

如果家里有二胎宝宝，会比较嘈杂、做不到完全安静。不过家长不必为此感到内疚。这种嘈杂无法避免，家长可以让大宝认清当前环境，慢慢学会闹中取静，逐渐熟悉和适应这种环境，多鼓励、多夸赞孩子的努力。

一直独自在过于安静环境中学习的孩子，一旦到了教室可能会无法忍受教室的嘈杂环境，无法很好地集中注意力听课。所以家长平时也应该让孩子学会接受和适应一定程度的噪声，这样更有利于他集中注意力学习。妈妈准备晚饭时在厨房洗刷碗碟、冲洗青菜的声音，弟弟妹妹玩玩具时的撞击声……这些生活中的声响听久了或许也就习惯了，一旦习惯了就比较容易忽略。在遥远的未来准备高考时也就能对各种环境适应得更顺利一些。

有些孩子会要求一边听喜欢的歌，一边学习。这个我不建议。其实如果一开始就划定行为界限，孩子会视为不可逾越的界限。所以家长要有原则，对于可行和不可行的事情一定要明确和坚决执行。这时可以折中一下，告诉孩子如果按时完成既定学习任务，可以在休息时间去听歌。

灯光

学习房最好用光线明亮的 LED 灯，桌上可以再放个台灯。灯光对专注力和视力的影响远比我们想象的重要得多，所以正式培养孩子的自主学习能力时，一定要先将照明环节把好关。灯光过暗会导致视力疲劳，所以学习时需要足够明亮的灯光。

如果孩子平时喜欢在客厅看书、学习，那么应果断换掉昏暗的客厅灯，把客厅弄得像白天一样明亮；如果孩子平时喜欢围坐在餐桌前学习、看书，可以把餐桌上方的灯设置得明亮一些。

06

整理分类，
整理就是学习效率

现今社会，懂得整理也是一种能力。一句“很会整理”看似普通的称赞的话，久而久之还造就了“整理能力”这样的新词。任熙正（音译）、姜大地老师写的《宝贝的整理习惯》一书中对于整理能力定义为：合理分配物品、时间、空间，并懂得有效使用的能力。

让我们看看平时孩子的整理能力究竟如何？凌乱的书桌、书包里散落的铅笔头、毫无踪迹的橡皮、蜕皮一样脱掉的外套、杂乱夹插的书本……打开孩子的卧室，总是像刚经历一场灾难般凌乱无序。

“我家孩子本来就不擅长整理归纳。”“是该让孩子学一学整理，不过还是等他大了再说吧。”“学习的时间都不够，还不如我三下两下帮他整理好。”

就这样，原本孩子可以自己整理的诸多机会，都被父母剥夺了。这不是在帮孩子，而是剥夺了孩子独立整理的机会和可能性。如果是即将自主学习的孩子，那就更是如此了。

孩子房间和课桌的样子，其实反映的是孩子头脑中的状态。孩子如果在杂乱的书桌前做计算题，不但无法很好地集中注意力，还会限制发挥。

当然，没有研究证实整理能力跟学习成绩有着直接的关联，也并不是说擅长整理就都能成绩优秀，但是整理能力差的学生很少有成绩好的。细节决定成败。稀里糊涂对付的整理习惯看似无所谓，但由于小学生正处在养成习惯的阶段，而且整理本身贯穿着很多领域的技能，因此时间久了同龄人之间的差距必然会越来越大。

笔记整理

整理笔记是自主学习的基本。整理笔记时要尽量写得工整。这不仅是因为当前是养成学习习惯的阶段，也是因为越来越多的考试注重叙述类题目，所以必须靠平时整理笔记来锻炼逻辑思维能力。

在一个练习本上刚默写几行英语单词，后面几页又写上几道数学计算题，杂乱无章。应该按科目、用途给练习本分好类，而且要以写满为原则。

小学生的笔记本按照功能可分为日记本、读书笔记、课堂笔记、各科笔记、数学算草本、英语书写本等。也要以写满为原则。

每当做完一本买来的习题册会让人的成就感油然而生，心情愉悦，但也不至于重新去翻看或珍藏起来。但自己做的笔记却不同，毕竟是一笔一画手写整理出来的，凝聚了自己的心血，所以用完一本不仅有成就感，还会对此有感情，可以把它保存起来，等到临近考试时再去翻看和回顾一下。

要养成结合笔记学习的习惯。学习不该是任务性地完成练习题，批改完就万事大吉式的被动学习，而是把空白的笔记本从一段开始整齐填满，看到上面浮现的工整笔记，会赏心悦目，享受这个过程。

如果孩子的笔记本整理得整齐规范，请家长尽可能地去表扬和鼓励。当孩子意识到自己的努力被认可时，会更加用心，而这种努力也会延续成良好的习惯，成就自我。孩子一旦开始学会分类整理，条理清晰地做笔记，会真切地感受到大脑也变得清晰不混乱。

笔袋整理

从班级里孩子们的笔袋就能看出孩子的性格和整理习惯。笔袋里的文具种类和摆放状态直接影响孩子的学习效率。那些成绩好的孩子的笔袋一看就与众不同，里面看不到花里胡哨的文具，只有学习所需的铅笔、橡皮、红笔、荧光笔、格尺等，摆放得简约而整齐。

通常情况下，女生会过于追求文具的好看和好玩，男生的问题则在于丢三落四。虽说大部分孩子随着年龄的增长步入高年级，都能慢慢改正，但是对于低年级的孩子，偶尔也需要家长定期帮忙进行整理。

不管你的孩子多大，家长们可以现在就查看一下孩子的笔袋，检查一下是否有分散精力、降低学习效率的多余文具，有的话帮孩子一起清点和整理一下。开始阶段家长帮忙整理一两次，以后孩子就养成定期整理的习惯了。

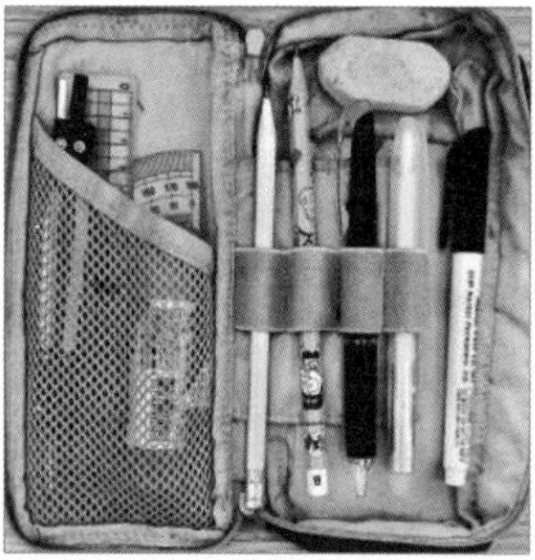

整齐的笔袋

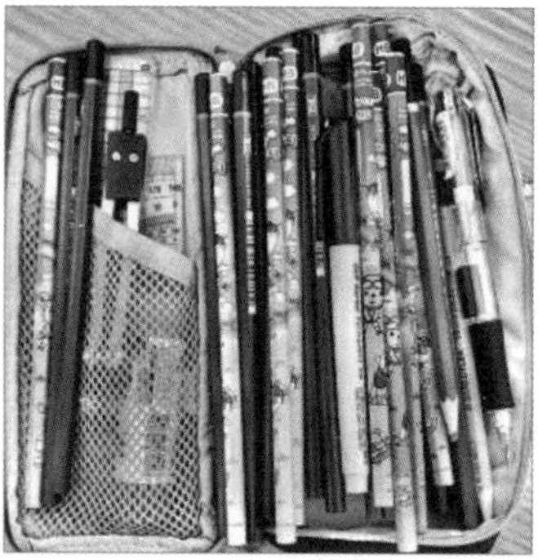

凌乱的笔袋

通常成绩好的学生的笔袋像左图。想要做到字迹整洁，必要时要用红笔画重点，可以说左图是标配。做数学题所需的格尺、量角器，批改用的红圆珠笔，擦拭铅笔字的橡皮，铅笔，再有个荧光笔用来画重点就更好了。彩色笔有一支够用就好。

像右边笔袋，想要从中找一支笔也要翻找一会儿，很浪费时间，而且翻半天很有可能找不到想要的笔或橡皮，还要跟同桌借，杂乱又散漫，学习效率自然会降低。

有些孩子的笔袋里放五六支彩色笔。其实颜色笔带多了孩子很容易把精力都用在装扮笔记上。一是浪费了时间，二是看不出重点，学习效率自然大打折扣。也有些孩子的笔袋里只装铅笔，不管重不重要，所有内容都用铅笔记录，等到课后看笔记时看不出重点，同样事倍功半。

课桌与课桌整理

很少有小学生擅长整理私人物品柜，在家的话可能情况更糟糕。课桌杂乱可能并不是孩子的本意，也不是孩子懒惰，只是他还意识不到问题所在，感觉不到整理书桌的必要性。这需要大人慢慢引导。对孩子来说，目前经历的许多事情都是第一次尝试，还没有经验丰富到总结出要领和经验。作为父母，我们虽然不能代替孩子做什么，但是可以做个很好的榜样，让孩子耳濡目染后将来独立尝试。

“你瞅瞅你这书桌乱的！”相比于责备和训斥，这时给出明确的建议会更有效。

“这样摆放，下次找书本会容易许多。”用行动和语言，让孩子模仿和学习。

每天用到的教科书、笔记、练习册也要整理和归纳。家长制定好整理原则，除了用于整理客厅全家用的大书柜，也要让孩子按照原则去整理自己的书柜和书桌。可按照每天学习计划、周学习计划来进行整理。

把每天取用的教科书、笔记、练习册单独放在一个专用的隔层中，结构上也应该一目了然，省得每次把时间浪费在翻找书上，确保所需书目可以秒取即用。

整理良好的书柜

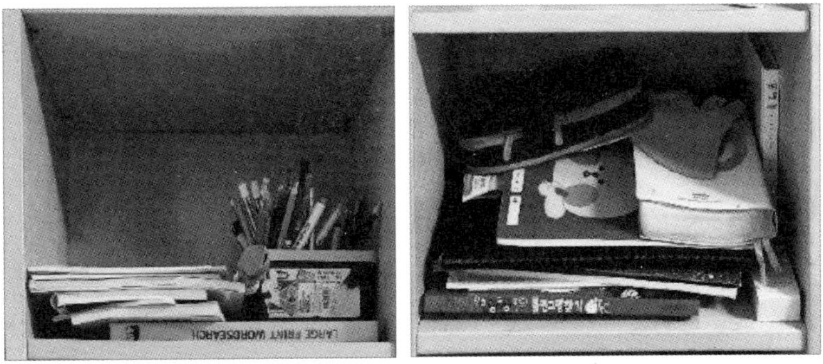

待整理的书柜

孩子的专注力不如大人，在书包里找完习题集，再从一堆童话书中翻找笔记本，很容易就耽误 10 分钟，然后状态散漫地开始学习。

家长要打造良好的学习环境，让孩子熟悉这种环境，确保他坐到书桌前就能立刻进入学习状态。当前的习惯和原则，会决定孩子未来高考的成败。

07

屏幕时间和游戏，制订计划、合理调节

近年来，随着新冠肺炎疫情的扩散，网课变为常态化，小学生智能手机的拥有率节节攀升。上网课，手机成了刚需，也就自然导致了这种现状。

上了几个月的网课后，孩子操作电脑的能力确实有了明显的提高。但相比于这种欣慰，问题也随之而来。孩子使用电脑、平板、手机的“屏幕时间”（上网课、搜索、观看视频、打游戏、打字练习、看图片的时间）比疫情前明显变长。过去千方百计地保护孩子，不让他们过早地接触这些平台软件，却因为疫情使得曾经的努力都显得毫无意义。因为班主任老师课上分享的课件有很大一部分是网络上的共享视频。

孩子上完网课、传完作业就应该关掉电脑，但是小学生毕竟是小学生，一旦打开了视频网站就不情愿关掉，磨磨蹭蹭还把其他浏览器推荐的视频一个一个都点开看了个遍。晚上大人躺在床上拿起手机，也会被各种门户网站推送的图文所吸引，一旦沉迷就不能自拔。网络视频对于孩子的诱惑也是一样的。但大人又不可能在网课期间一直盯着孩子。

屏幕时间，提前计划和调节好

家长恨不得网课结束就立刻断网，但是这样硬来毕竟不是解决问题的办法。在家上网课期间理想的状态是看书、学习、做运动，但是孩子需要自己的空间，适当放松一下，看看屏幕哈哈笑，解解压。所以相比于一刀切地缩短上网时间，不如制订计划让孩子有效利用电脑。

一旦决定让孩子自主学习，应把一天 24 小时交给孩子计划和安排。除了学习，能够把自己一天的时间进行整体规划和调节，才能称之为自主学习的核心。家长应该锻炼孩子合理安排课外时间，想想具体哪个时间用来做什么，其中也包括规划电脑和手机的使用时间。

就像疫情之前孩子们会把自己的学习、休息、游戏、运动时间表给家长过目后实行一样，疫情期间在此基础上加个电子产品使用时间就可以。在疫情上网课期间，如何控制和有效利用这部分时间决定着自主学习的成败。

家长可以叫上孩子一起商量和研究一下电脑和手机的使用计划。其实孩子自己也知道自己过于沉迷手机和电脑，知道不应该把时间浪费在这上面。所以我们该做的不是一味地指责和训斥，而是告诉孩子，如果一直只顾着玩手机和电脑，会导致什么后果。很多时候大人觉得这些道理孩子会理所当然懂得，于是也意识不到向孩子说明的必要性，但孩子因为不明确利害关系，也就会在行为规范上不那么自律。

家长可以给孩子一些建设性的提议，帮助他把电脑和手机的使用时间与学习和生活安排得井井有条，而不是强势干预；和孩子分析当前的学习状况，揪出几个关键点提问，帮他回顾和反思自己的行为和日常，分析利弊，重新开始。

有些问题可能是因为习以为常而忽略过，请家长启发和点醒孩子，如果孩子不能立刻做出答复，可以让孩子自己仔细想想，认识到问题。下面罗列了几个问题，希望能对您有所启发，看看孩子在使用电子产品方面存在哪些问题，帮助孩子分析问题、重新规划电脑和手机的使用时间。（提问前，家长和孩子要对“屏幕时间”这一概念达成一致，才能有效沟通）

电子产品使用情况自查

· 一天中屏幕时间占据几小时？

· 我国当前小学生一天中屏幕时间占据几小时？

· 假设每天占 3 小时，一个月共多长时间？如果把这些时间换算成天，一共是几天？

· 对小学生来说，几小时的屏幕时间是合理的？

· 家长用不用干预屏幕时间？

· 如果不限制屏幕时间，会招致怎样的后果？

· 爸爸妈妈平时的屏幕时间是几小时？

· 平时和周末该如何安排屏幕时间？

打游戏，制订和调节计划

打游戏早已成为现代人的日常生活的一部分。地铁上低头族打游戏也早已不是陌生一幕了，包括小学生。无论是小学生还是高中生，学习之余只要有时间，最惦记的就是打游戏。手游、电游早已成为人们闲暇之余最具代表性的消磨方式，也是最容易吸引学生的诱惑之一。

游戏产业前景越来越好，人们对它的喜好度也会只增不减。

游戏中的虚拟世界不仅情节多变、惊险刺激，而且曾经只停留于想象中的虚幻世界在游戏中却如同身临其境一般可视化，给人带来前所未有的体验，极具魔性，让人上瘾。趣味性、刺激性、娱乐性以及多种配置和控制模式，再加上玩家之间的语音互动，可实现国内、国外不同玩家之间的交流与沟通。

如果把在家玩的电脑游戏、单机游戏也算入的话，基本可以认为，大部分小学生都处在游戏的诱惑当中了。电视、网络上随处可见各种电游广告。尤其是男生，其关注点和话题大多是游戏。生活中我们常听到孩子们的抱怨，也大多是觉得如果不打游戏，跟同龄人没共同语言，就很难玩到一起。

游戏虽然也有不可否认的优点，但是从它容易上瘾、影响学习专注度、影响健康的角度来说，其弊端也非常明显。所以如何看待并调整孩子玩游戏，是亟待解决的严肃问题。

认可游戏的积极因素

忽略游戏的优点和现状，一刀切式直接禁止玩游戏，这种做法不可取。作为父母，要认可游戏的积极因素，再加以智慧利用，这也是当前时代的要求。孩子接触游戏的时间越晚越好（小学高年级）。但如果是已经接触了手机，或者低年级学生已经接触到手机，那么首先要认可手机游戏可以缓解学习压力、转换心情，然后再寻求调节的方法。

事已至此，不妨把游戏作为表扬的机会。如果孩子能够按规定时间结束游戏，请家长给予认可和表扬。有些家长看到孩子打游戏就阻挠和批评。在公开场所，如果孩子按照规定时间玩与年龄相符的游戏，可以让孩子放松一下。

积极认识到上述几点之后，再围绕“玩多久”的问题，和孩子进行协商。

“孩子只惦记着游戏，不让玩也听不进去。”“这孩子觉都不睡，打游戏打到凌晨，真是愁人。”其实导致这种结果，都是因为家长和孩子对游戏时间、方法、原则事先没有协议。关于孩子打游戏，可以遵循下面三个原则。

首先，让孩子在公开场合玩游戏。

将孩子使用的电脑、游戏机放置在客厅，有利于调节使用时间和游戏种类。越是容易上瘾、刺激的游戏，带有暴力、色情的内容和画面的可能性越大。如果在客厅，在有家人在场的公开场所，可以较好地避免孩子玩这类游戏。

儿童房房间狭小、闭塞，孩子容易陷入游戏当中，时间和种类都不好控制。越是在宽敞、开放的空间，孩子需要留意的人和物就越多，其玩游戏的专注度相对减弱，上瘾的风险便可以大大降低。

其次，让孩子自己来计划和调节游戏时间。

针对想玩的游戏种类、时间和使用方法，让孩子自己制订计划。平时玩多久，周末玩多久，通常在哪里玩，游戏种类如何分，几点到几点玩，几点到几点不可以玩……要具体规划。

自己分析、制订计划、实践，才能提高策划能力、检验能力和调节能力。也学会对自己的言行负责。

即使制订了计划，但是该做的事情没有做，先去打游戏，或者规定的时间已过还在打游戏……有时候能很好地按照计划进行，有时候却打乱了计划，言而无信。每当这时家长如果忍不住唠叨，或者进行语言打击，“做不到为什么当初还要信誓旦旦？”就比较难办了。如果只是一两次，家长可以忽略。

最后，必须做最基本的确认和检查。

对于小学生使用手机，家长需要做最基本的确认和干涉。我们应该给予孩子信任，但是并不意味着完全放手不管，要定期检查孩子是否在按照计划执行。这也让孩子感知到家长持续关注着自己的游戏情况，并定期自行检查。

人的大脑中负责自控力的额叶，要到 25 岁时才能发育完成。所以要求 10 岁左右的孩子具备成人的自控力和调节力是不科学的。利用手机相关的 APP 来调整使用时间，给孩子自行检查的机会，也值得试试。

当家长要安装这类监控 APP 时，孩子会立刻投来抗拒的眼神，仿佛在问："难道不相信我？"这时家长千万不要有情绪，尽可能漫不经心地回应就是了："我可不是不信任你，只是不信任游戏罢了。怕这游戏就跟一双手一样紧紧攥着你不放开。毕竟我们这些大人也很难摆脱游戏。"切不能盲目大意，觉得信任至上，到最后事与愿违，搞得鸡飞狗跳、亲子关系恶化。从源头杜绝，避免产生麻烦，这才是应对问题的明智做法。

那些最初控制孩子游戏习惯失败的家长，都懊悔给孩子买智能手机，后悔当初不该允许孩子玩手机游戏，但这已经是无法挽回的事实，因此很苦恼。

小学生每天打游戏的时间不应超过 1 小时。建议平时控制在 30 分钟以内，周末允许适当多玩一会儿，这样既不至于突然掐断游戏习惯，也能较好地控制游戏时间。如果这个计划由家长来制订并强迫执行，可能效果并不理想。在游戏方面，可以让孩子自己来制订计划、按计划实行、确认、反省。自己制订的计划，相信孩子更能主动和富有责任心地去努力执行。

预防和应对游戏中毒

"游戏中毒"的释义如下：

游戏中毒（game addict）

摘要：沉迷游戏已影响到正常生活

游戏中毒是指过于沉迷游戏的状态。这种状态不仅会影响日常生活，还会严重影响到健康。由于生活节奏改变带来睡眠不足、食欲下降，待人接物也会发生一些障碍，引发一系列负面影响。孩子将自己代入到游戏角色中而得到满足，容易越陷越深。

我们可以通过下面的游戏中毒诊断表来判断孩子是否属于游戏中毒。参考诊断表选项确认状态，如果情况严重，应咨询专家寻求帮助。家长反复的唠叨和训斥，只会恶化亲子关系，解决不了问题。借助专家的帮助，可以不用那么费力，也无须恶化亲子关系，便能有效解决问题。

另外，也要留意一下不是所有的游戏都一样。有些游戏时间长、角色培养周期长、需要投入时间和精力的游戏，往往容易上瘾。

美国精神医学会游戏中毒自查表

序号	症状	✓
1	沉迷游戏 沉醉于上一局游戏，期待新一局游戏	
2	不能打游戏时会出现情绪波动（烦躁、生气、抑郁等）	
3	打游戏的时间持续增加	
4	尝试减少游戏次数，但屡屡失败	
5	因为打游戏，对曾经的爱好、运动都失去兴趣	
6	虽然觉得自己有问题，却依然沉迷游戏	
7	问到游戏频率时，有过撒谎的情况	
8	因无聊、负罪感和烦躁打游戏	
9	由于打游戏，严重影响到学习、工作和社交	
以上症状中如果有 5 项持续 12 个小时甚至更久时，就该去反省一下是不是游戏中毒		

家长最好提前了解当前小学生主要玩的游戏，至少在孩子尝试新游戏时，了解清楚是什么类型的游戏再允许安装。如果是容易上瘾的游戏，要引导孩子等到了成年，具备足够的自控能力和有足够的时间后再去玩。

用“游戏”代替游戏

那些深陷游戏瘾孩子的共同问题是对其他事情不感兴趣，只迷恋游戏。由于手机游戏的魅力是其他传统游戏无法替代的，所以就算是孩子对其他游戏感兴趣，也很难完全戒掉手机游戏。家长要积极引导孩子寻求和发掘其他兴趣活动的魅力，允许手游与这些线下兴趣活动并行。当孩子能从其他兴趣爱好中感受到快乐，压力得到缓解，那么深陷手机游戏的症状也会逐渐缓解。

适合小学生的线下游戏大致分以下三种。其中有些可能是孩子网瘾前痴迷的项目。让孩子重拾昔日游戏的乐趣，通过自控力训练，确保自主学习的纯粹性、持久性。

小学生推荐兴趣活动

体育活动	运动
智力活动	阅读、围棋、象棋、国际象棋、拼图、魔方、数独、拼图、写作、迷宫
文艺活动	乐器演奏、画漫画、美术工艺、画画、折纸、看电影和演出、制作视频

从上述三类游戏中，至少挑选两个让孩子去做。孩子沉迷网络游戏，可能是因为除了当前的网游，尚未遇到能让他体验到快乐的其他现实中的趣味游戏。

下决心 4

先去了解孩子

"这孩子怎么一刻都坐不住？"

"阅读挺用功的啊，语文成绩怎么就不见提高呢？"

"不应该那么笨啊，这数学怎么每次都错一两道题呢？我就不明白了。"

家长在辅导孩子功课时经常会有这样的疑问和烦恼。孩子只是按照他与生俱来的天赋，全力以赴地学习，但家长的失望和不满总是那么多，总觉得孩子什么都做不好。

如果家长想让孩子在学习上迅速上手，成为懂得按自己的意志和计划学习的聪慧孩子，那么首先要努力去了解孩子。了解孩子是问题的核心点，弄清这个才能摸索出最佳的方法，而且能在将来顺利度过叛逆期。

成绩不理想，学习习惯没养成，可不是因为没能接触到精英老师的课，也不是因为在该接受集体补课的年纪将孩子送到了兴趣特长班、或者因为是妈妈在家自己辅导，而是可能在于家长没了解孩子的兴趣爱好、天赋、优势，就一味地让孩子去接受各种所谓的优质先行学习。

再好的学习资源，如果不适合孩子，也是一厢情愿的多余。如果不知道孩子究竟在想什么，不知道孩子为什么总做出让大人抓狂上火的事情，那么请先去聆听一下孩子的内心。

去窥探孩子的内心，努力试着了解孩子的想法，从而排查干扰学习的因素、兴趣爱好、性格特点、习惯、意志、心态等，并一一引导和纠正。下面介绍一下具体方法。

创造让孩子自然表达的环境

我们可以透过语言了解一个人的内心想法。如果孩子平时不喜欢表达，家长要扪心自问一下平时是不是对孩子缺少共情、及时回应、赞美、幽默风趣……很多孩子不是生性沉默寡言，而是说话的欲望被压制下去，变得不喜欢表达。

家长的态度是否冷漠、严肃，让孩子对于开口说话有顾虑？每当孩子开口说时，家长是否忙着唠叨和训斥？明知孩子渴望表扬，是否因为担心会惯坏孩子而故意不去表扬？孩子渴望轻松的谈话氛围，家长是否每次都板着脸一本正经地说教？

有些孩子上课时话不多，很安静，但是私下里和同学单独在一起时就能说说笑笑，仿佛打开了话匣子。这是因为孩子的性格导致他只有在意识到“可以放心说内心的真实想法”时才开口。这也给教龄 15 年的我上了一课，虽然和孩子们朝夕相处，但是要做的工作还有很多。

如果担心和烦恼孩子的不善表达，家长应该多给孩子创造宽松、宽容、融洽的说话氛围。事实上，孩子想要表达的也有很多。

关注孩子写作

想要引导孩子学习，比起孩子做了什么，更要关注孩子在想什么。毕竟行为受思维支配，所以如果只是盯着孩子的行为，去绞尽脑汁分析行为，是很难收到预期效果的。一定要去弄明白行为背后的动机，了解孩子的内心在想什么。

孩子的写作，就像一扇通往心灵的窗户一样，可以让我们及时了解孩子的内心。所以班主任平时也会特别留意检查学生的日记作业，以便及时洞察孩子的内心想法。一篇篇阅览班级所有学生的日记，再逐一写批改意见，对老师而言工作量不小，但是可以借此来了解孩子的想法和内心，所以这个环节必然是班主任或语文老师最为重视的。由于也有一些人认为，检查日记侵犯了孩子的隐私权，所以这种检查也仅限于是否写了日记而不去看内容，有的甚至都不去检查。所以现在取而代之的是留“命题作文”之类的写作作业，一方面帮助孩子提高写作水平，另一方面可以通过写作洞察孩子们对一些事情的看法和认知。

家长也要多关注孩子的作文。关注点不在于写得好不好，写了多少字，而是字里行间折射出的孩子的心灵和想法。孩子近期在想什么，平时不便用语言表达的内心真实想法是什么，都可以从写作中窥探出来。这一点比拿着红笔帮孩子改正书写错误更为重要。

尊重孩子的兴趣

孩子不是大人的缩小版，他们有自己的个性，是独立的个体。很多父母有这样的感受，虽然是自己生的孩子，但是因性格不同而沟通费力，也会因为喜好不同而感到陌生。这都是正常且情理之中的事情。

兴趣爱好、心态、想法等是决定一个人成功与否的重要因素。孩子尚不懂学习的意义，但他们会毫无怨言尽自己所能地去努力学习。作为父母，应该有能力让孩子在这条路上不至于孤军奋斗，为孩子照亮这条奋斗之路。说到方法，其实很简单，那就是给孩子更多的选择权。

在挑选课外读物、新学期习题集、笔记和铅笔……时，家长们可以在一定范围内给孩子选择的机会，由孩子自己来决定。因为在小学阶段，很少有过于好或相当差的选项，基本不会太离谱，所以在这个相对安全的前提下，让孩子按照自己的意愿来选择。当自己的意见被尊重时，孩子的积极性就会很高，而且对于下一次选择，会更自信和从容。对小学时代的孩子来说，就应该有这种自信和勇气。

结束语

我们每个人在一生中会阅读无数，不可能将所有的内容都牢记于心。对于这本书大家肯定也是一样。尽管大家不可能都记住，但是我依然希望其中的众多建议，能对您有启发和参考，让您萌生试试看的冲动，哪怕只是其中一个。

“语文还能这样学？”“这个方法今天开始可以试一试。”“我家孩子可能还要过段时间才能接触到这些，不过方法看起来应该蛮适合的。”

要是觉得“啊，这个点子不错。”也可以在相应的内容下面画上重点。如果能让您有这样的触动，我觉得编写这本书的目的便达到了。一切伟大的成就都始于看似不经意的“小尝试”。有一便自然会有二。我们要做的，就是从一开始尝试。

如果孩子在书写时还是出现写错的情况，那么不妨把正确的写法大大地写在纸上，贴到冰箱上面。也可以每天叫上孩子一起观看十分钟新闻。或者以孩子心心念念的礼物为条件，让孩子每天写日记……这些都不难。

不必做得十分完美，能做就好。其实在我家，很多我们也做不到，可能将来也无法做到完美。但是这并不妨碍孩子取得成功。因为孩子的成功不是考上名牌大学，而是学会了自主学习。

这本书快写完的时候，人们正为新冠肺炎疫情所累，孩子们只能在家里上网课，人们不得不习惯这种不正常的生活，漫长而又艰难。可是越是这样，或许越应该慢些走、稳些走。

凡事都要争第一，这种强迫心理对大人和孩子都是一种枷锁。从简单的、少量的开始，直到孩子上中学。

感谢两个儿子，以自己的方式告诉了我学习要靠自身独立完成这一简单而明确的道理。感谢大家对我们一家的支持和鼓励。

最后，向我们的老读者以及所有给予我们支持和厚爱的家长读者，致以最诚挚的谢意。

李恩京　李圣宗

参考书目

《康成泰 3 年学习日记本》康成泰 | dasan4.0

《康成泰 66 天学习法》康成泰 | dasan 教育

《客厅学习的魔法》小川大介 | KeyStone 出版社

《学习荷尔蒙》朴敏秀、朴敏根 | 21 世纪图书

《学习，尽力了也不行，那就放弃吧》李志勋 | 智慧之家（wisdom house）

《学习》朴载元、郑裕真 | EDUNIETY

《学习的力量》黄农文 | 智慧之家

《奇迹的注意力》Kenjiro Mori | 商务图书

《坚持到底的技术》Caroline Adams Miller | 古董屋

《给孩子最好的》姬勒玛特·佛尔（Guillemette Faure）| 快乐学校

《自习如何变成人生的武器》山口周 | MEDICIMEDIA

《Meta 认知学习法》Lisa Son | 21 世纪图书

《为学习而狂》康成泰 | dasan 教育

《抗压能力强的小朋友们的秘密》斯图尔特·尚卡尔、特雷莎·巴克 | 读书生活

《我和孩子是一条船上的》崔圣贤 | 智慧之家（wisdom house）

《十岁前，专注孩子为第一》黄京植 | 木马

《妈妈心理课堂》尹宇翔 | 简约生活

《完美学习宝典》林作家 | dasan 教育

《宝贝的整理习惯》任熙正、姜大地 | 心灵箱子

《让大脑穿上跑鞋》約翰・瑞提、艾瑞克・海格曼 | 绿色拐杖

《这才是真正的学习》康成泰、朴哲范、徐京硕、李炳勋 | dasan 教育

《学习无比快乐的瞬间》朴成赫 | dasan 图书

《Insta Brain》安德斯・汉森 | 东洋图书

《集中的力量》Marco von Mnchhausen | 未来之窗

《大脑科学家莅临体育馆》Wendy Suzuki | 图书生活

《小学每日学习的力量》李恩京 | gana 出版社

《小学每日学习的力量实践法》李恩京 | gana 出版社

《去做讨厌的事情的力量》洪珠贤 | sawoobook

《哈佛 1% 至尊的秘密》郑柱英 | 韩国经济新闻社

《一个人的学习法》宋容燮 | dasan 教育

《独立学习的力量》赵承宇、高胜镇 | I–sang media

《无法独自学习的那些孩子》朴仁妍 | 第八曜日

《独自学习的正确开启方式》韩再宇 | 智慧之家（wisdom house）

《练就不动摇的学习精神》金尚云 | 移动书架

参考论文

- 姜泰真、河淑礼 | 韩国体育学会 2017，vol.15，no.4 | 中学生体育活动对学习压力及运动专注度的影响
- 金正珠、郑九仁、禹敏贞 | 韩国小学体育学会期刊 2016，vol.22，no.3 | 小学生进行集中学习时，有氧运动对大脑活跃的影响
- 林熙真、白慧贞、金东植 | 韩国青少年政策研究院 经济与人文社会研究会共同研究丛书 19-61-01 研究报告 19-R18 | 关于确保青少年健康权利的政策方案研究